Chapter 4

理科の楽しさが体感できる 3年生あそび

Chapter 5

社会科への興味がグ〜ンと高まる 3年生あそび

3年生あそびを行うポイント

　中学年になった子どもたちは、抽象的な言葉についても理解できるようになってきていますが、まだまだ丁寧な取り組み方が必要です。3年生あそびをする際に心がけたいポイントを紹介します。

①言葉＋動きで教える
　どのあそびも、はじめて行う場合には、言葉だけではなく、まずは代表者の子どもと教師とでやって見せるようにします。
　「○○というあそびをします。代表してやってくれる人はいますか？」
　このように尋ねて代表を募り、その子どもとのやりとりをやって見せながらルールを解説します。

②練習時間を設ける
　クラス全体で行うようなあそびは、見本を見せるのが難しいことがあります。そういうときには、「まずは練習時間です」というようにして、練習時間を設けます。ある程度ルールが分かってきたところで、「さあ、それではここから本番です」と始めるようにします。

③強制しない
　ルールが理解できなかったり、気分がのらなかったりして、「やりたくない」と言う子どもがいます。楽しませるはずのあそびで苦痛を感じさせてしまうのであれば、本末転倒です。そういうときは、「見ているだけでもいいよ。やりたくなったら言ってね」と声をかけましょう。強制せずに、子どもの意思を尊重しましょう。

④端的に伝える
　ルール説明では、できるだけ短い文で話すようにします。「〜すると、〜になって、〜になるので……」というようにつなぐと、意味が伝わりにくいものです。「〜です。〜します。〜になります。」と、こまめに句点で切るようにします。短い文をつなげて説明すると分かりやすいのです。

⑤役割を明確にする

　誰が何をやるのかを明確に伝えなければ、「僕から始めるよ」「私から
やるの！」と話し合うだけで、あそびの時間が終了してしまうことがあ
ります。「ジャンケンで勝ったほうから始めます」というようにして、
「はじめの役割」が明確になるように指示しましょう。

⑥教え合う雰囲気をつくる

　合間に、「ルールが分からない友だちには、教えてあげましょうね」
と声をかけておきます。そうすると、となり同士やグループ内でルール
確認ができ、全員があそびに参加できるようになります。

⑦シンプルなルールにちょっぴりの難しさを

　複雑過ぎるあそびは、短時間でやるには適していません。できるだけ
簡単な内容で、それでいてちょっぴり間違えてしまうような難しさを含
んだルール設定であそびを行います。

⑧クラス全体が参加する

　あそびにうまく加わることができなければ、トラブルの原因ともなり
かねません。特に、「班で行うあそび」は、一部の子どもだけが楽しん
でしまいがちなものです。全員が参加できているかどうか、教師は全体
へ目を配るように心がけましょう。

⑨やり過ぎない

　同じあそびをやり過ぎないようにします。子どもたちは「もう１回や
りたい！」とせがむことがありますが、続けてやると飽きてしまいます。
子どもが「もう少しやりたい」と感じるあたりで終えるのがベストです。
盛り上がってきた頃合いを見計らって、「残り２分で終了します」とい
うように伝え、タイマーで計って終了するようにするといいでしょう。

⑩ちょっとルールを変えて行う

　時間がたっぷりとあるのであれば、短いあそびを少しずつ小分けにし
て行うのが望ましいでしょう。「両足でやっていたのを、片足でやりま
す」というように、ルールをちょっとだけ変えれば、子どもたちは飽き
ずに楽しみ続けることができます。

Chapter

1

教師や友だちと
つながる
3年生あそび

授業や学級づくりを
円滑なものにするために、
友だちや教師とのつながりを
生み出しましょう。
関わりながら楽しむあそびを紹介します。

指と指をピッタリ合わせよう！
指先タッチ
ねらい 教師の指示を聞いて動く

❶指先でタッチをする

両手を大きく横に広げます。
左右の人差し指を、ゆっくりと体の中心に近づけます。胸の前で人差し指の先をくっつけましょう。

こんなの簡単だよ。

❷目を閉じて行う

では、次が本番です。
今度は、目を閉じた状態でやりましょう。
指がくっつかないからといって、戻すのはダメです。
スタート！

し、失敗した〜。

できた人は、もっと両手を広げたところからスタートしてみましょう。

ADVICE！
・腕は、まっすぐに進めないといけません。当たらないからといって、探し回るような動きはNGとします。
・次の機会では、薬指や小指など、違う指で行います。「親指と人差し指」など、異なる指を当てるようにすると、難易度が増します。

間違えずに手を動かせるかな？

2 グーパー入れ替え

 教師の言葉のリズムに合わせて動く

❶手を前後に動かす

 頭の体操をします。左右の手を交互に突き出します。
前に出したときは、グー。手前に引っ込めるときは、パーにします。
1、2のリズムで動かしましょう。1、2、1、2……。

よし、できた！

❷反対に動かす

 今度は逆にやりましょう。
前に出したときは、パー。後ろに引っ込めるときは、グーです。
1、2、1、2……。

難しいな〜。

 （活動後）間違えずにできた人？
（挙手）
器用ですね。すばらしい！

ADVICE！
・「1、2」のリズムをだんだんはやくすることで、難易度を高めます。
・次の機会では、「グーとチョキ」「チョキとパー」の組み合わせでもやってみましょう。

間違えずに最後までできるかな？

3 指の追いかけっこ

ねらい 指示に従って体を動かす

❶両手の指を順番に折り曲げる

 両手を前に出して、手のひらを上にします。片手の指を、親指から順番に1、2、3……と折っていきます。これを追いかけるようにして、もう片方の手の指も順番に折っていきます。
では、やってみましょう。

1、2、3、4……あっ、間違っちゃった～。

1

2

3

❷折り返しに挑戦する

 できた人は、小指から順番に広げていきます。
6、7、8……というように続けて、11まで進んでみましょう。
6、7、8、9、10、11。

こんがらがっちゃった～。

6

7

8

ADVICE！ ・できた子どもは、どこまで間違えずに進められるかチャレンジさせましょう。

4 親指と小指を交互に動かそう！
親指小指ゲーム

ねらい 歌に合わせて体を動かす

❶歌に合わせて親指と小指を動かす

 両手を前に突き出します。親指と小指を交互に動かします。
同じリズムで、動かし続けられるでしょうか？
では、始めますよ。歌は、「うさぎとかめ」です。
「もしもしカメよ、カメさんよ〜♪」

できた！

もしもし　　　　カメよ

カメさん　　　　よ〜♪

❷親指と小指を左右の手で別々に動かす

 今度は、別の動きにします。
右手が親指なら左手は小指、右手が小指なら左手は親指と
いうように、左右の手で別の指を動かし続けます。
では、始めましょう。
「もしもしカメよ、カメさんよ〜♪」

で、できない……。

（活動後）成功した人？
（挙手）すばらしい！

もしもし　　　　カメよ

カメさん　　　　よ〜♪

ADVICE! ・「大きな栗の木の下で」「桃太郎」などの歌でも行うことができます。

言葉に合わせて顔を動かそう！

5 上下左右

ねらい 教師の言葉を聞いて体を動かす

❶教師の言葉に合わせて上下左右を見る

これから話す内容に、「上」「下」「左」「右」という言葉が出てきます。その言葉が出てきたときに、言葉の方向に顔を向けましょう。「上を見てみると、雨が降ってきました。下には、アリの大群が。右や、左を見てみると、車がビュンビュン走っています。」

……右や、左を見てみると、車がビュンビュン走っています

左だ！

左だ！

❷間違えないように顔を動かす

全員起立。間違えたら座りましょう。「学校の上には空があって、下には地面があります。右から、ウサギが走ってきました。ピョンと、飼育小屋の上に飛び乗りました。かと思うと、下に降りました。と思ったら、やっぱり上に飛び乗りました。」

……やっぱり上に飛び乗りました

ああっ、間違えた～

ああっ、間違えた～。

（活動後）最後まで立っている人に、拍手を送りましょう！

ADVICE！ ・出だしだけ考えておき、あとは即興的に話をつくるようにしましょう。脈絡のない話でも、それはそれでおもしろいものです。

6 拍手を何秒で回せるかな？
拍手リレー

ねらい 友だちと協力して記録を更新する

❶拍手を回す

教室で拍手を回します。となりの人がたたいたら、自分もたたくようにしましょう。はじめの人から最後の人まで、何秒で回すことができるでしょうか？10秒以内でできるとすごいですね。では、やってみましょう。

パン！

パン！

 パン！

 パン！

❷改善案を出し合う

 15秒でした。惜しいですね。さて、どうやればはやくなると思いますか？

 前の人がたたくのが見えたら、たたき始めるといいんじゃないかな。

 ふりかえりながらたたくといいのかも。

 では、もう一度チャレンジしてみましょう。（活動後）今回は……9秒でした！

今回は……9秒でした！

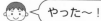 やった～！

 みんなで意見を出し合った成果ですね！

ADVICE！ ・「パパパパパ……」と、はやい拍手のようなリズムでたたくことができると成功します。

7 バクダンゲーム
音楽が止まったらアウト！

ねらい クラス全体の交流を深める

❶音楽を流している間にボールを回す

バクダンゲームをします。となりの人へボールをわたして回していきます。
音楽が止まったときに、ボールを持っている人がアウトになります。
音楽を止めたい人？（挙手・指名）
では、Ａさんお願いします。ボールを回していきますね。

怖いな～。

❷音楽が止まったときにボールを持っているとアウト

（音楽が止まる）あっ、しまった～！

Ｂさんがアウトになりました！　では、もう一度回しましょう。
（活動後）一度もアウトにならなかった人？（挙手）
すばらしいですね！

ADVICE!　・3回アウトになると罰ゲームというようにして、スリルをもたせるのもいいでしょう。

8 私の最近うれしかったことは？
サンキュー・ハッピー・ナイス
ねらい クラスの友だちの意見に共感する

❶自分にとってのうれしかった出来事を話す

 今日は、最近あった自分にとって「サンキュー」「ハッピー」「ナイス」な出来事について話してもらいます。「昨日は、からあげを食べました」とか、「おこづかいをもらいました」とか、「さかあがりができるようになりました」とか、どんなことでもかまいません。少し時間をとるので、考えてみましょう。（1分後）まだ決まっていない人？（確認後）ちょっと近くの人と相談してみましょうか。

 う〜ん、思いつかないな〜。

 休みの日のことを思い出してみたら？

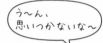

❷1人ずつ発表する

 では、最初に発表できる人？（挙手・指名）では、Aさんから時計回りに発表しましょう。

 先週の土曜日に、お父さんと釣りに行って、大きな魚を釣りました。

 すごい！拍手を送りましょう！

ADVICE! ・もし黙ってしまう子どもがいたら、「最後にもう一度聞くので、それまでに考えておいてくださいね」と確認します。それでも思いつかないようであれば、それは無理強いすべきではないでしょう。「次の機会では言えるといいね」というようにフォローしましょう。

9−3の椅子取りゲーム

友だちよりはやく椅子に座ろう！

ねらい クラスの友だちと競い合う

❶椅子取りゲームをする

「椅子を３つ抜いた状態」で椅子取りゲームをします。
音楽を流し、止めたときに座れなかったらアウト。
椅子の数はそのままで、何回も行います。
３回続けて座れなかったら罰ゲームです。

まだかな、まだかな……。

まだかな……

❷座れなかったらアウトになる

音楽が止まった！

あ〜、座れなかった〜。
次は座るぞ！

（活動後）そこまでにしま
しょう。アウトにならな
かった人？（挙手）
よく音楽を聞いて動きま
したね。

あ〜、
座れなかった〜

ADVICE!

・アウトになった人が３〜５人程度のところで終了しましょう。
・罰ゲームは、「その場でジャンプ10回」など、軽微なものにしましょう。

20

10 じつは私バスケット

私に当てはまることだ、移動しよう！

ねらい 友だちの知らない一面に気付く

❶ 「じつは」で始まる言葉を言う

> 席を1つ除きます。オニになった人は、「じつは」で始まる、あなたのことを教えてください。例えば、「じつは私、お兄ちゃんがいます」「じつは私、サッカーを習っているんです」など。自分にも当てはまった人は席を移動しましょう。はじめにオニをやってくれる人？ （挙手・指名）
> では、Aさんから始めましょう。

> じつは私、空手をやっているんです。

> わ〜、僕も！

じつは私、空手を
やっているんです

わ〜、僕も！

❷ 自分にも当てはまる人は席を移動する

> じつは僕、誕生月が8月なんです。

> ええっ、僕もだよ！

> （活動後）そこまでにしましょう。今日は、友だちの知らなかった一面を知ることができましたね。

じつは僕、誕生月が
8月なんです

ええっ、
僕もだよ！

ADVICE！
- 言葉に詰まる子どもには、「好きな食べ物でいいんだよ」などと助言をあたえます。
- 長期休み明けにやれば、「じつは私、キャンプに行ってきました」など、思い出を共有する機会にもなります。

11 見えない歯ブラシ

透明の歯ブラシでゴシゴシゴシ！

ねらい 教師のパフォーマンスを見て楽しむ

❶頬に向かって歯ブラシを動かすフリをする

先生は、見えない歯ブラシを持っているんです。
ほらね。ゴシゴシ……。
（タイミングを合わせて、舌で頬の内側を押す）

わ〜、不思議！

ゴシゴシ……

❷反対側もやってみせる

見えないだって？
これは見えない歯ブラシ
なんです。ほら、反対側
にもできますよ。
ゴシゴシ……。

それなら僕もできるよ！

反対側にも
できますよ

それなら僕も
できるよ！

ADVICE！ ・舌の動きと腕の動きを合わせます。鏡を見て練習しましょう。

12 消しゴムが肘の中に消えちゃった！
肘の中に消える消しゴム

ねらい 教師のパフォーマンスを見て楽しむ

❶消しゴムを落として失敗する

 この消しゴムを見ていてください ね。スリスリ……。（消しゴ ムを肘にこすりつける）こうする と、なんと……ああっ、失敗し ちゃった〜！（消しゴムを落とす）

 なんだ、失敗か〜。

スリスリ……

ああっ、 失敗しちゃった〜！

❷消しゴムを消してみせる

 （落とした消しゴムを拾う）今度は成功してみせますよ。消しゴムを当てる場所 が重要なんですよね。スリスリ……。（消しゴムを肘にこすりつける） 今度は、成功ですね……。（指を1本ずつ離していく）はい、消しゴムが消えま した！

 どこに行ったの！？

スリスリ……

消しゴムが 消えました！

タネあかし

反対の手で 拾う

ADVICE!
・落とした消しゴムを拾うときに、反対の手で取りつつ、持ちかえるフリをし ます。
・「消しゴムは、空中を飛んでいるんですよ……バシッ」と言いながら、反対 の手で空中をつかむような動作をやって、消しゴムを見せれば、さらに子ど もは驚きます。

13 消えた消しゴムケース

手を握れば消しゴムが変化する！

ねらい 教師のパフォーマンスを見て楽しむ

❶真っ白な消しゴムを確認させる

 ここに、真っ白な消しゴムがありますね。
よく見てください。

 ただの消しゴムだね。

❷ケースのついた消しゴムが現れる

 この消しゴム、ケースが付いていないのですが、ギュッと握りしめると
……この通り。ケースが付きました。

 ええっ！？　すごい！

タネあかし

ADVICE！

・消しゴムのケースをはずし、2面を切りはずして、両面テープでくっつける
ようにして作成します。
・握るときに消しゴムを半回転させ、ケースが見えるようにします。練習しま
しょう。

空中にフラフラとペットボトルが浮かんでる！

14 浮いたペットボトル

ねらい 教師のパフォーマンスを見て楽しむ

❶ペットボトルを両手で持つ

ここに 500ml のペットボトルがありますね。
じつは、先生は念力を使えるのです。
よく見ていてくださいね。
ムムム……。

何が起きるのかな？

ムムム……

❷ペットボトルが浮かび上がる

はい、ペットボトルが空中に浮かびました。

わあっ、どうなっているの？

空中に
浮かびました

タネあかし

ADVICE！ ・ペットボトルのラベル部分に親指が入っています。正面から見えないように
親指だけを動かすと、空中で浮かんでいるように見えます。

15 輪ゴムが一瞬で移動する!?
輪ゴム移動
ねらい 教師のパフォーマンスを見て楽しむ

---

❶輪ゴムを指にかけて手を握る

 ここに輪ゴムがあります。
この輪ゴムを薬指と小指にひっかけたまま指を折り曲げて、開くと……。

 ドキドキ……。

タネあかし

---

❷輪ゴムが移動する

 人差し指と中指に、
輪ゴムが瞬間移動しました!

 おおっ、すごい!

ADVICE!
・指を折り曲げるときに、手前に輪ゴムを引き、輪ゴムが4本の指にかかるようにします。そのまま指を開くと、輪ゴムが移動します。
・遠くの席からも見えるように、教師は太めのカラー輪ゴム（ヘアゴム）を使用することをおすすめします。

16 カーナビの誘導で、たいへんなことに！
トイレに突っ込むカーナビ

ねらい 怖そうな話を聞いて楽しむ

❶怖そうな話をする

時間がありますので、怖い話をしましょう。
先生の友だちが、中古車を買ったときの話です。はじめてのドライブを楽しんでいました。しばらくすると、大粒の雨が降ってきて、前が見えなくなってきました。「道なりに５キロです」というカーナビの声が聞こえました。突然、雷が落ちてきて、友だちはあわてて車の外に出ました。

 ドキドキ……。

 あわてて車の外に出ました

❷オチを伝える

前を見ると、そこには公衆トイレがありました。もう少しで、車はトイレに突っ込んでしまうところだったのです。
カーナビからは、低い声が聞こえました。「ちっ、もう少しだったのに……」。ああ、怖い話ですね。

 「ちっ、もう少しだったのに……」

 怖くないよ！

 怖くないよ！

ADVICE！ ・「もう少しだったのに……」の言葉は、ドスを利かせた声で言いましょう。

どんな剥製の話かな？

17 悪魔の剥製

ねらい 怖そうな話を聞いて楽しむ

❶怖そうな話をする

「悪魔の剥製」というお話です。これは怖いに違いありませんね。
ある動物園に、1人の少年がやってきました。客は少なく、園内はガランとしています。従業員は、やる気がなくて、暗い顔をしています。少年は、園内をフラフラ歩くと、ある古い建物に吸い寄せられるように入っていきました。

 何が起こるのかな……？

吸い寄せられるように入っていきました

❷オチを伝える

そこは、クマの檻でした。掃除をしていたのでしょう。中に入ると、強いニオイがしました。
少年は、叫びました。
「あっ、クマの歯、くせえ！」。
あ、くまのは、くせえ。あくまのはくせい……というわけで、悪魔の剥製の話でした。怖いですね～。

あっ、クマの歯、くせえ！

ぜんぜん怖くない！

 ぜんぜん怖くない！

ADVICE!　・題名が重要なので、強調して伝えるようにしましょう。
　　　　　　・建物に入る様子などは、動きも交えながら話していきましょう。

昔話、怖そうだ！
18 花さかじいさん
ねらい 怖そうな話を聞いて楽しむ

❶怖そうな話をする

今日の怖い話は、「花さかじいさん」です。
裏の畑でポチが鳴く。正直じいさんがそこを掘ったら、なんと大判小判がザクザクと出てきました。それを見ていたとなりの欲張りじいさん。ポチを自分の畑に連れてきて、「さあ、鳴け！」と。……しかし、ポチは鳴きません。じいさんはポチを蹴っ飛ばしました。かわいそうに、ポチは吹っ飛ばされました。それでもポチは鳴きません。

 ポチ、どうなるの……？

今日の怖い話は、「花さかじいさん」です

❷オチを伝える

頭にきた欲張りじいさんは、「ええい、これでもかあっ！」とポチのしっぽをつかまえて、ポチをブルンブルンと振り回しました。これにはさすがのポチもたまらず、叫びました。「放さんか、じいさん！」。
ハナサンカジイサン、ハナサカジイサンの話でした。
ああ、怖いですね～。

「放さんか、じいさん！」

何なの、この話！

 何なの、この話！

ADVICE！ ・ポチの台詞の前に間を空けて、緩急をつけます。

幽霊船にいるのは、誰？
19 幽霊船の怪
ねらい 怖そうな話を聞いて楽しむ

❶怖そうな話をする

今日の怖い話は、「幽霊船の怪」です。
ある港に、ぼろぼろの船が流れ着きました。マストは折れて甲板にも穴が
あき、誰も乗っている気配がありません。港の人たちは、幽霊船ではない
かと噂し合いました。「誰かが中を調べに行かなくては」ということになり、
1人の若者が選ばれました。若者が船の中を歩くと、ギシギシと音がします。
割れたガラス窓から風が吹き込んで、カーテンが揺れます。若者は、「あの
〜、誰かいませんか？」と呼びかけましたが、誰も返事をしません。「やっ
ぱり誰もいないのか……」。若者が少し安心して帰ろうとすると……そのと
きです！

 ええっ！

 今日の怖い話は、「幽霊船の怪」です

❷オチを伝える

突然、後ろのドアがギーと音をたてて
開きました。そこには大きな毛むく
じゃらの男が立っていました。男は青
い目でジッと若者をにらんでいます。
若者は動くことも声を出すこともでき
なくなってしまいました。すると男が
大きな声で言いました。
「ヘーイ！　ユー！　礼センノカ
イ！」。ユー、レイセンノカイ。ユー
レイセンノカイ、幽霊船の怪でした。
いや〜、怖い話でしたね〜。

「ヘ〜イ！ ユー！ 礼センノカイ！」 これも、怖くない！

 これも、怖くない！

ADVICE! ・「幽霊船の怪」と黒板に書き出してから話し始めると、オチにつなげやすい
です。

浦島太郎は、帰れるかな？

20 浦島太郎

ねらい 怖そうな話を聞いて楽しむ

❶怖そうな話をする

今日の怖い話は、「浦島太郎」です。亀を助けた浦島太郎は、竜宮城に行きました。乙姫様はきれいだし、料理もおいしい。あっという間に3日間が過ぎた頃、「そろそろ家に帰りたいと思うのですが……」と言いました。すると乙姫様は、ぞっとするような声で、「何ですって？　もう一度言ってご覧なさい」と言うのです。太郎はびっくりして、「いえ、何でもありません」と言いながら、「これはたいへんだ。殺されないうちに逃げよう」と思いました。次の日、乙姫様がうたたねをしていました。「しめた！　乙姫様が眠っている間に逃げよう！」。太郎は、こっそり竜宮城の門のところまで来ました。

 バレないかな～。

 今日の怖い話は「浦島太郎」です

❷オチを伝える

そっとふりかえっても、乙姫様は追ってきません。太郎はダッシュしました。水の中ですから、なかなか前に進めません。もう少しで外に出られます。そのとき門がスーッと閉まってしまいました。「そ、そんな～」。ふりかえると、すぐ後ろで、乙姫様が目をつり上げて、耳まで裂けた口で笑っていました。そして、恐ろしい声でこう言ったのです。「ウラ！　閉まったろう！」。ウラしまったろう、浦島太郎の話でした。ああ、怖かったですね～。

 「ウラ！閉まったろう！」

 怖そうで、怖くないんだよ！

 怖そうで、怖くないんだよ！

ADVICE！　・ふりかえる動作もつけながら、演じるように話していきましょう。

ギャング・エイジと呼ばれる３年生

　３〜４年生の年齢は、一般的にギャング・エイジと呼ばれます。「ギャングだなんて、物騒な」と思われるかもしれませんが、言葉の意味を知ることによって、発達段階を捉えることができます。

　低学年の友だち関係は、わりと不安定なものです。次から次へと、一緒にあそぶ友だちが変わります。男女分け隔てなく、一緒になってあそぶことも多いものです。

　中学年（８歳〜10歳）頃からは、同性で、４〜５人程度の仲間集団を形成してあそぶようになります。仲間内にリーダーを置いて、集団独自のルールやギャグをつくったり、あだ名で呼び合ったり、共通の秘密を保持したりすることによって、仲間意識をもちます。「親友」という強い絆も生まれてくるようになります。学校から帰ったら、カバンを放り投げて、一目散に公園へ集合するような姿が見られるようになります。こうした状況は、特に男子に顕著な傾向が見られるとされています。

　仲間集団の結びつきが強くなると同時に、自分たち以外には閉鎖的なのが特徴です。「自分たちのことは自分たちでする」という意識をもち、自分たちでルールを決めたり、活動計画を立てたりして実行していきます。保護者や教師との約束よりも、仲間との約束を重視するようになります。

　「ギャング」「徒党を組む」と聞けば、なんだか悪いイメージを受けるかもしれませんが、そうではありません。ギャングは「仲間」を意味する言葉ですので、直訳すれば「仲間時代」、意訳するならば「大人からの旅立ち時代」と呼べるかもしれません。この時期に所属する集団から受ける承認や拒否などが、子どもの人格形成に大きな影響を及ぼします。

　ギャング集団での活動を通して、仲間と協力することや仲間に同情すること、集団への忠誠心や責任感、義務感などの社会性を学びます。むしろ最近では、少子化の影響、多忙化、ネット環境の発達などにより、ギャング集団の形成が困難な状況ともなってきています。ギャング集団を経験しないまま大人になってしまうと、社会性が乏しく、集団生活にも適応しにくくなってしまうのではないかと危惧されています。

　ギャング集団は「小さな社会」というべきものであり、人格を形成していく上で、非常に重要な過程の１つといえるのです。

Chapter

2

国語の授業が活気づく3年生あそび

毎日ある国語科の授業だからこそ、
ちょっとした変化をつくれば、
子どもは授業に集中します。
国語科授業が楽しくなるあそびを
紹介します。

話し合いあそび①

サイコロをふって話し合おう！

21 サイコロトーク

ねらい 相手に伝わるように話す

❶ サイコロで出た目のテーマを話し合う

 黒板に数字とテーマを書いていますので、そのテーマの内容を話し合いましょう。班長から順番に話します。1周したら、もう1回サイコロをふります。

 1だね。
行ってみたい所か～。
離島に行ってみたいな！

 ええっ、どうして？

```
1 … 行ってみたい所
2 … 苦手なもの
3 … 怖かったこと
4 … 最近見た夢
5 … ハマっていること
6 … おすすめの本
```

1だね。
離島に行って
みたいな！

❷ 何回もサイコロをふる

 3だ。
怖かったこと。
う～ん、この間、ゴキブリが天井から落ちてきたんだよね。

 ええっ、怖すぎる！

 （活動後）そこまでにしましょう。
友だちの様々な話を聞くことができましたね。

この間、ゴキブリが
天井から落ちてきた
んだよね

ええっ、
怖すぎる！！

ADVICE! ・テーマの内容は、毎回変えるようにします。初回は教師が決めますが、2回目以降は子どもから募集するのもいいでしょう。

カードにテーマを書いて、自由に話そう！

22 シャッフルカード

ねらい 自分の考えをもち、話す

❶カードに話し合いのテーマを書く

 今から、1人に3枚カードを配ります。このカードに、みんなと話し合ってみたいことを書いてみてください。例えば、「好きな食べ物」「一度行ってみたい場所」「将来の夢」などのように、人によって意見が分かれるようなものを書きましょう。すべてのカードにカッコ付きで自分の名前を書いてください。

あこがれの人（田中）

 何を書こうかな～。

❷カードのテーマをもとに話し合う

 では、カードを回収します。今から出したカードのテーマを、となりの人と話し合ってくださいね。はじめは……「生まれ変わったら何になりたいか」です。では、どうぞ。

「生まれ変わったら何になりたいか」です。では、どうぞ

イリオモテヤマネコになりたいんだ

 生まれ変わったら、イリオモテヤマネコになりたいんだ。

 ええっ、どうして？

 （活動後）そこまでにしましょう。今回のテーマは、Aさんのカードでした。では、次のカードを引きますよ。

ADVICE！
・話し合ったカードは別の場所に置き、重複しないようにします。
・カードは、画用紙や白表紙などで作成します。トランプ程度の大きさにすると、混ぜ合わせるのが楽になります。

スピーチの姿を録画しよう！
23 録画スピーチ
ねらい 相手に伝わるように話の構成を考える

❶家での課題を確認する

今日は、「録画スピーチ」を行います。
今回のテーマは、「私の宝物」です。自分にとっての宝物について、おうちでスピーチをして録画してきてください。後日、それをみんなで見合う時間をとります。動画なので、スピーチを編集しても、宝物を使っているところを見せてくれてもかまいません。ただし、動画の時間は1分以内にしてください。では、スピーチの原稿を書きましょう。

（家に帰ってから）「私の宝物は、このクマのぬいぐるみです。」

私の宝物は、このクマのぬいぐるみです

❷録画スピーチを視聴する

（後日）では、録画した作品をクラウド上で共有します。お互いの作品を見合ってみましょう。

「なぜ宝物なのかというと、誕生日のときに、おじいちゃんに買ってもらったからです。」

へ〜、かわいいな〜！

なぜ宝物なのかというと……

かわいいな〜！

ADVICE!
・自宅で録画することによって、リラックスした状態でスピーチができます。
・見合う時間は、ヘッドホンがあるのであれば各自で実施し、なければ順番に流して全員で見るようにします。

24 質問５Ｗ１Ｈ

何をしているのか聞いてみよう！

ねらい 必要なことを質問しながら聞く

❶となりの人に質問をする

 休みの日にあったことを聞いてみましょう。ただ、なんでもかんでも聞いていいのではありません。５Ｗ１Ｈ「いつ・どこで・だれが・なにを・なぜ・どのように」で聞いてみましょう。

休みの日は、何をしたの？

キャッチボール。

いつの話？

土曜日。

休みの日は、何をしたの

キャッチボール

❷さらに詳しく尋ねる

どこでやったの？

河原でやったよ。

誰とやったの？

お父さんと弟と。

どのようにやったの？

三角形になって、順番に投げたよ。

（活動後）そこまでにしましょう。全部聞き取れたという人？（挙手）こうして、５Ｗ１Ｈが明らかになると、何をやったのかがはっきりとしますね。

誰とやったの？

お父さんと弟と

ADVICE! ・「となりの人のことを話してみてください」と指示すると、聞き取ったことを元にして、詳しく述べることができます。そのような活動を通して、正確に話を聞き取ることについて価値付けしていきます。

詳しく尋ねるコツを学ぼう！
25 詳しく教えて
ねらい 自分が聞きたいことの中心を捉える

❶要点を捉えて詳細を尋ねる

 友だちとの会話を深めるには、詳しく尋ねることです。
質問の練習をしてみましょう。相手の話を聞いて、興味をもった部分について、「詳しく教えてよ」と伝えてみましょう。1分間ずつ行います。はじめのテーマは、「休みの日の過ごし方」についてです。となりの人とジャンケンして、勝ったほうが話して、負けたほうが質問します。では、1分間で興味をもった部分について質問しましょう。

 私は、動画ばっかり見てるかな〜。

 どんな動画なのか、詳しく教えてよ。

 私は、動画ばっかり見てるかな〜

 どんな動画なのか、詳しく教えてよ

❷1分間オープンクエスチョンを使う

 「わいわい太郎」の動画だよ！

 その人について、詳しく教えてよ。

 （活動後）そこまでにしましょう。では、聞き手を交替します。
（活動後）このようにして、人と話すときには、ポイントを捉えて質問できるようになれるといいですね。

 「わいわい太郎」の動画だよ

 その人について、詳しく教えてよ

ADVICE! ・「最近ハマっているもの」「得意なこと」「お気に入りのもの」など、本人が深掘りされても話しやすい内容で進めることが望ましいでしょう。

書くあそび①

26 どんな文が当たるかな？
おみくじ文章

ねらい 相手を意識して文章を書く

❶おみくじの文章を書く

 今日は、おみくじの文章を書きます。
おみくじには、「〜をすると、〜になる。」というような文章が添えられているものです。神様になったつもりで、大吉の文章を書いてください。例えば、「5人に自分から話しかけると、いいことが起こるよ。」というように、もらった人が喜ぶような内容にしてくださいね。

 「ジャンプすると、おこづかいが増える。」

 （活動後）では、いったん回収します。明日、みんなで引きましょう。

～をすると、
～になる。

「ジャンプすると、
おこづかいが増える。」

❷友だちの書いたおみくじを引く

 （翌日）では、昨日、集めたおみくじを引いてもらいましょう。
袋に入れてありますので、1つずつ引きます。引いても、まだ見ないでくださいね。（活動後）では、みんなでいっせいに見ましょう。1、2、3、はい！

 「宿題をすぐにやると、ごちそうが食べられるよ。」何、これ〜！

 おもしろいおみくじに当たりましたか？
みんなにいいことがありますように！

「宿題をすぐに
やると、ごちそうが
食べられるよ。」
何、これ〜！

ADVICE！ ・おみくじは、持って帰ります。いったん回収したら、不適切な内容が書かれていないかどうかをチェックしておきましょう。

27 お悩みボックス

みんなの悩みに、どう答える？

ねらい 相手を意識して書き表し方を工夫する

❶悩みを書く

教室に「お悩みボックス」を置きます。
身近なちょっとした困りごとを書いて、その中に入れてください。
日直の人は、その困りごとを読んで答えましょう。

「最近、お母さんによくしかられます。しかられない方法はないでしょうか。トンボより。」
う〜ん。

「……しかられない方法は
ないでしょうか。トンボより。」

❷悩みに対する返事を書く

「しかられてばかりということですが、お手伝いなど、お母さんが助かるようなことをやってみてはどうでしょうか？　桜井より。」

とってもすばらしい回答ですね！

ADVICE! ・回答は教師が確認し、後ろの黒板などに掲示します。1年間で取り組むというよりも、子どもの日直当番が1〜2周するくらいの期間限定で行いましょう。

おもしろい話のできあがり！

28 スライド「いつどこでだれが何をした」

ねらい 言葉をつなげて文を作る

❶分担を決める

 白紙のスライドを4枚作ります。
上から順番に、「いつ」「どこで」「だれが」「何をした」を書きます。
班で分担を決めて、それぞれ考えたことを書きましょう。
書き終わるまで、ほかの人のスライドを見てはいけません。終わったら、
その下に新しいスライドを4枚作って、もう1回やってみましょう。

< 「クリスマスの日に」

< 「田んぼの中で」

❷班で言葉を組み合わせて文にする

< 「三好先生が」

< 「お絵かきした。」

< 何、これ〜！　もう1回やろう！

< （活動後）発表できる班は
ありますか？（挙手・指名）

ADVICE！　・発表の際は、子どものスライドを教師の画面で共有し、書いた人が読み上
げるようにすると盛り上がります。

書くあそび④

物語を五七五にまとめよう！

29 物語川柳

ねらい 言葉を引用して内容を説明する

❶物語を川柳にする

 今回、授業で扱った物語を、川柳にまとめてみましょう。
川柳にまとめた人は、イラストを入れて仕上げましょう。

 「おくびょうと　言われていたけど　夜道ゆく」

「おくびょうと
言われていたけど
夜道ゆく」

❷お互いの作品を見合う

 では、立ち歩いて、みんなの作品を見てみましょう。

 「モチモチの　木を見て走る
豆太かな」
いい作品だ！

いい作品だ！

モチモチの
木を見て走る
豆太かな

ADVICE！　・タブレットやパソコンでスライドに仕上げるようにさせると、お互いの作品
を共有することができます。

道具の使い方、詳しく書こう！

30 道具の使い方説明書

ねらい ダンドリを考え、書き表す

❶分担を決める

最近、教室の道具の使い方がよくありませんね。今日は、教室の道具の使い方を話し合いましょう。スライドに、班で1つの意見をまとめてください。
1班はほうき、2班はゴミ箱、3班は鉛筆削り、4班は体操服をかけるところ、5班は後ろの黒板、6班はテレビ、7班は学級文庫、8班は落とし物ボックスです。

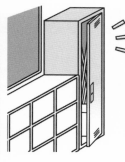

どういう順番になるかな？

ほうきの使い方はどういう順番になるかな？

❷班で説明を書いて発表する

では、各班の内容を見てみましょう。
1班のみなさんから1人1文ずつ読んでください。

ほうきは、
①手前から奥に押すようにしてはく。

②1か所にゴミを集める。

③ゴミをちりとりに入れる。

④逆さまにしてロッカーに戻す。

①ほうきは、手前から奥に押すようにしてはく
②1か所にゴミを集める
③ゴミをちりとりに入れる
④逆さまにしてロッカーに戻す

ADVICE！ ・完成した班には、スライドにイラストなどを飾り付けさせていきます。

31 言葉を連想してつなげよう！
いろはにこんぺいとう
ねらい 言葉の響きやリズムに親しむ

❶ 「こんぺいとう」から連想する言葉をつなげる

 「いろはにこんぺいとう」というあそびをします。
「いろはにこんぺいとう」と言ったら、「こんぺいとうは甘い」「甘いはイチゴ」「イチゴは果物」というように、「こんぺいとう」から連想する言葉をしりとり形式でリズムよくつなげていきます。リズムにのれなかったらアウトです。

 いろはにこんぺいとう。こんぺいとうは甘い。

 甘いはスイカ。

❷班で順番に言葉を連想する

 スイカは……何だろう。

 アウト！

 じゃあ、もう1回、僕から始めるよ。

 （活動後）そこまでにしましょう。アウトにならなかった人？（挙手）すばらしい！

ADVICE！ ・2人ペア、4人グループ、クラス全員など、様々な規模で行うことができます。

32 こんなところにも指示語がある！
「こそあど」探し
ねらい 身近で用いられている指示語に気付く

❶お便りの中から指示語を探す

 こそあど言葉について習いましたね。
1人に1枚、過去のお便りを配りますので、その中から、こそあど言葉を見つけてみましょう。見つけたら、赤鉛筆で丸を付けます。
制限時間は3分間です。10個以上見つけられるとすごいですね。

 あっ、僕は保健便りか。
「この季節になると」……見つけた！

❷見つけた指示語を共有する

 10個以上見つけられた人？（挙手）
すばらしい！　見つけた指示語を、班で見せ合ってみましょう。

 ここに、「あの頃と比べると」って書いてあるよ。

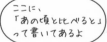

 （活動後）やってみて、
考えたことはありますか？

 身のまわりで指示語がたくさん
使われていることが分かりました。

ADVICE! ・プリントは、名前を記入させて回収します（持ち帰らせると、保護者を困惑させてしまうおそれがあります）。なかでも、特筆すべきものについては写真を撮り、次の時間でクラス全体に共有するといいでしょう。

33 引っかけ漢字「首」

こんな漢字、あったかな？

ねらい 漢字の構成に注目する

❶漢字のクイズを出題する

みなさん、もうたくさんの漢字が書けるようになりましたね。
この字は何と読むでしょうか？
「口」、そう、クチですね。横に線を一本足します。
「日」、これは？　ヒですね。上に一本足しますよ。
「白」、これは？　シロですね。さらに足します。
「百」、これは？　ヒャクですね。

簡単だよ！

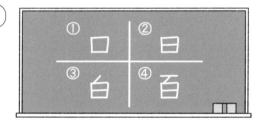

❷引っかけ問題を出題する

では、この上に点を2つ付けると、何と読むでしょうか？

クビ？

ブー。間違いです。こんな漢字
はありません。クビは、四角の
中に横線が2本ありますからね。

ああっ、本当だ！

気付いていた人？（挙手）
すごいですね！

ADVICE!　・次々と線を書き足していき、テンポよく進めていくと、ほとんどの子どもが
「クビ！」と言ってしまいます。矢継ぎ早に出題しましょう。

言葉を絵で表現しよう！
34 語彙の絵
ねらい 言葉の意味を理解する

❶言葉を絵で表現する

クラスを２つのチームに分けます。
先生がそれぞれのチームの代表者１人に言葉を見せます。
チームの代表者は、その言葉を黒板に絵で表現してください。
チームの言葉をはやく当てられたほうが勝ちです。

（君主か……）こんな感じかな？

（海岸か……）描けました！

❷先に答えられたチームが勝ち

では、分かった人は手を挙げてくださいね。

はい！　海中だと思います。

違います。

海岸です！

正解です！

すばらしい！

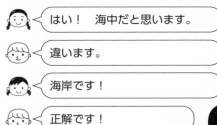

ADVICE！　・言葉は、新出漢字の熟語の中から選び取るようにしましょう。子どもたちは、言葉の意味について捉えられていないところがあるので、これを機に言葉の意味を確認していきます。

言葉をつなげてはやぶさ勝負！

35 言葉はやぶさ

ねらい 言葉をつないで楽しむ

❶3枚の紙を配付する

　３枚の紙を配ります。そこに、それぞれ１つずつひらがなを書きましょう。ただし、「ん」はダメです。出ているカードの言葉から、手持ちのカードにつながる言葉を言いながらカードを出します。

　例えば、「み」というカードが出ていれば、「い」というカードを出しながら「みらい」と言います。このようにして、手持ちのカードがはやくなくなった人が勝ちです。出せる人が誰もいなければ、そのカードは無効となり、ジャンケンして勝った人が手持ちのカードを出します。班でジャンケンして、勝った人が一番はじめのカードを出して始めましょう。

 「あ」だよ。

 「あじさい」！

❷言葉をつなげてカードを出す

 「い」か……「いかだ」！

 （活動後）そこまでにしましょう。
１回でも勝つことができた人？
（挙手）すばらしい！

ADVICE！　・カードは、印刷室の余っている紙で作成しましょう。あそびを行ったら回収し、別の機会でランダムに配付して使うようにします。

36 辞書でクイズを考えよう！
グループ辞書クイズ

ねらい 辞書に親しみをもつ

❶辞書でクイズを出題する

 （辞書の使い方について教えたあとに）では、グループで、辞書の早押しクイズ大会をしましょう。1人が辞書を見て、ある言葉の意味を読み上げます。ほかの人たちは、それが何の言葉なのかを当てましょう。一番はやく当てることができた人に、1ポイントです。

 「明日の次の日。見当違いであること。」な〜んだ？

 う〜ん……。

「明日の次の日。見当違いであること。」な〜んだ？

❷正解したら、別の子どもが問題を出題する

 分かった、明後日！

 正解!!

 じゃあ、次は僕が問題を出すよ。

 （活動後）そこまでにしましょう。
優勝した人？（挙手）
すばらしい！
辞書の使い方がだんだん分かってきたようですね。

分かった、明後日！

正解!!

ADVICE!　・意味が複数ある場合、あとに登場する意味から順に読み上げていくようにすると、難易度が上がります。慣れてきたところで、アドバイスしてみるといいでしょう。

37 辞書早引き対抗戦

どの班が素早く引けるかな？

ねらい 辞書の引き方を覚える

❶スライドの言葉を辞書で調べる

班ごとにスライドを作ったので、今から共有します。
班で協力して、スライドにある言葉の意味を調べてください。
調べて、意味を一通り読み上げたら、言葉の上に○を付けます。
5分間でもっとも多く○を付けることができた班が優勝です。
用意、始め！

じゃあ、僕が「机」を調べるよ。

私は「涙」ね。

❷調べた言葉の上に○を付ける

よし、次、僕が「河原」を調べるよ。

（活動後）そこまでにしましょう。1班が32個、2班が41個……（すべて読み上げる）。
結果、3班の45個が優勝でした！

やった～！

ADVICE!　・優勝した班には、どのようにして調べたのかをインタビューすると、ほかの子どもたちが次に調べるときの参考にすることができます。

38 グループ辞書しりとり

辞書でしりとりをやってみよう！

ねらい 辞書を素早く引けるようになる

❶辞書にある言葉でしりとりをする

辞書にのっている言葉でしりとりをしましょう。
10秒以内に辞書の言葉を伝えなければ、アウトになります。
アウトになった人から、もう一度続けていきます。
グループでジャンケンして、勝った人から始めましょう。

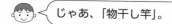

じゃあ、「物干し竿」。

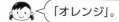

「オレンジ」。

「物干し竿」　「オレンジ」

❷10秒で答えられなければアウトになる

「陣営」。

え〜っと……。

10秒たったよ。アウト〜！

アウトにならなかった人？
(挙手)
すごい！　素早く見つけるコツ
をみんなに教えてください。

「陣営」

え〜っと……

ADVICE! ・どうすれば素早く見つけられるかを考えさせ、それぞれの意見を共有して
いきます。

どんな意味の説明なのか、予想しよう！

39 意味予想

ねらい 身近な言葉の意味に注目する

❶ 言葉の意味を予想する

辞書から言葉を出題して、その言葉の説明を予想してみましょう。
例えば、「右」という言葉を詳しく説明できますか？
辞書によれば、「南を向いたときの西の方向」だそうです。
このように、みんなが知っていそうな言葉を問題として出します。
班の中で、一番近い意味を言った人が勝ちです。

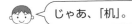

じゃあ、「机」。

板に棒をつけ、
上で勉強ができるもの。

「机」

板に棒をつけ、上で
勉強ができるもの

❷ 予想した説明を出し合う

板に足をつけたもの？

正解は、「本を読んだり、
字を書いたりするための台。」
Ａさんが優勝かな。

やった～！

（活動後）そこまでにしましょう。
近い意味を言うことができた
人？（挙手）
よくがんばりました！

「本を読んだり、
字を書いたりする
ための台。」

やった～！

ADVICE! ・「知っているけれども詳しく言えない言葉」を選ばせるのがポイントです。

いろいろな言葉で階段を作ろう！

40 言葉の階段

ねらい 辞書引きに慣れ親しむ

❶1文字ずつ増やしていく

辞書を引き、ひらがなの言葉で階段を作りましょう。
（黒板に書きながら）例えば、「あ」「あご」「あした」「あじさい」「あまりりす」。
このようにして、はじめの文字はそのままで、1文字ずつ文字数を増やしてできる言葉を考えていきます。
何段目まで進むことができるでしょうか。6段目まで進むことができれば、すごいですね。はじめの文字は、「う」でやってみましょう。
できたら、班でスライドにまとめます。制限時間は3分間です。

「う」「うし」……。

「うどん」！

「う」「うし」……

「うどん」！

❷書いた内容を発表する

6文字を見つけたよ。
7文字のものが見つからなくて～。

「雨天決行」は7文字だよ！

（活動後）では、そこまでにしましょう。確認しますね。5段目までいった班？　6段目までの班？　7段目以上の班？　（挙手）
では、全体に発表できる班はありますか？

6文字を
見つけたよ

う
うし
うどん
ういるす
うけながす
うえでぃんぐ

ADVICE！　・言葉を書く際には、階段にするためにひらがなを用います。漢字やカタカナの表記を用いるように指定してもいいでしょう。

ジャマイカ

「ジャマイカ（JAMAICA）」という算数の教具があります。サイコロで出てきた数字を計算して、指定された数にするゲームです。2つの黒いサイコロの数字を足した数を、5つの白いサイコロの数字で四則計算して求めるというものです。

右図のような場合であれば、黒いサイコロの数字10と5を足した15を、白いサイコロの数字6、1、4、3、5を使って求めていきます。

例えば、$6 \times 5 = 30$、$4 - 3 = 1$、$1 + 1 = 2$、$30 \div 2 = 15$と求めることができます。1つの式にするならば、$6 \times 5 \div (4 - 3 + 1) = 15$ということです。

ほかにも、いろいろな式が考えられます。

このようにジャマイカを使うと、あそびながら計算力を身につけることができます。また、解き方を説明できてこそ「解けた」ことになるので、必然的に「まず〜、次に〜、最後に〜」という話し方も身につけることができます。

教室に1つ置いておくだけでも、計算力の向上につなげられます。1つ1500円程度なので、学校経費で購入し、各教室に1つ置いておくことをおすすめします。

タブレットで撮影して教室のテレビやスクリーンなどに映し出すと、スムーズに実施することができます。映し出すのが手間なのであれば、2色のチョークで黒板に書き出す方法もあります。あるいは、撮影した写真を子どものタブレット画面に送るのもいい手段でしょう。

3年生は、四則計算ができるようになる学年です。わり算を習うまで待つ必要はありません。春のうちからジャマイカをやっておき、わり算を習い出したら、わり算を加えてジャマイカに取り組むようにすると、より計算の楽しさを感じさせられることでしょう。

はじめのうちは、中心の黒いサイコロが10か20だとやりやすいです。サイコロを動かすときに、人差し指で10や20の状態で固定させておくようにすると、意図的にそれらの数にすることが可能です。

次のChapter 3で紹介する算数のあそびの中では、ジャマイカを用いたあそびを紹介しますので、ぜひ参考にしてください。

Chapter

3

算数がどんどん
大好きになる
3年生あそび

3年生では、わり算を習い、
四則計算ができるようになります。
九九の復習をしながら、
教具を用いて、
計算の基礎力を身につけていきましょう。

声をそろえて九九を唱えよう！

3段九九

ねらい 九九の暗記を確実にする

❶九九を3段指定する

全員、起立。先生の言葉のあとに続いて九九を言うあそびをします。先生が3つの段を指定しますので、班で声をそろえて言えたら座りましょう。分からない人は、九九表を見ながら言ってもかまいません。かけ算九九！

かけ算九九！

1、2、3の段！

1、2、3の段！

❷3つの段を言ったら座る

いんいちがいち、いんにがに！
（中略）
さんくにじゅうしち！ （着席する）

よくできました！
では、算数の授業を始めましょう！

ADVICE!
・授業の始まりの挨拶のあとや、朝の会などのタイミングで行い、習慣付けるのがいいでしょう。
・日によって、「4、5、6」「7、8、9」の段など、段を変えて指定します。慣れてきたら、「1、3、8」の段など、ランダムに段を指定します。

かける数だけ手拍子しよう！

かけて

ねらい 九九の答えを安定して言えるようになる

❶積と手拍子から、かける数を考える

 「かけて」というあそびをします。
ある数字を決めて、先生が手拍子をします。その手拍子にいくらかければ、
その数字になるかを考えて、みなさんもその数だけ手拍子をします。はじめ
の数は、24です。パンパンパン。はい！

パンパンパンパンパン
パンパンパン。

 正解！

はじめの数は、
24です

パンパン
パン

はい！

パンパンパンパン
パンパンパンパン

❷かける数だけ手拍子する

 パンパンパンパン。はい！

パンパンパンパンパン
パン。

 （活動後）間違えずにできた
人？（挙手）
すばらしい！

パンパン
パンパン

はい！

パンパンパン
パンパンパン

ADVICE！ ・12、18、24、36など、様々な式が存在する数が適しています。

手拍子をしたあと、答えを言おう！

43 手拍子九九

ねらい 九九の式と答えを一致させる

❶手拍子をしたあと、九九の答えを言う

 手拍子九九というあそびをします。
手拍子を2回したあと、先生が九九を言います。そのあとに続けて手拍子を
2回して答えを言いましょう。間違えずに言うことができるでしょうか？
パンパン、さんぱ！

 パンパン、にじゅうし！

 パンパン、しく！

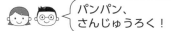 パンパン、
さんじゅうろく！

❷だんだん速度を上げて、間違えたら着席する

 全員起立！　間違えたら、座りましょう。
パンパン、にご！

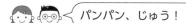 パンパン、じゅう！

 スピードアップしますよ！

 ああ、間違えちゃった〜。

 （活動後）最後まで残った人
に、拍手を送りましょう！

ADVICE！　　・クラス全体の4分の1ほどが残ったくらいで終了するといいでしょう。

線を引くだけでかけ算ができる！

44 線でかけ算

ねらい 変わった計算方法を知り、かけ算への興味をもつ

❶計算の方法を知る

かけ算といえば、「九九を覚えなければいけない」「筆算をしなければならない」と思ってしまうものですが、じつはこんな裏技もあります。
例えば、12×4でやってみましょう。
まず、「12」の十の位は「1」、一の位は「2」なので、縦線を1本と2本に分けて引きます。次に、「4」は一の位しかないので、横線を分けずに4本引きます。すると、このように線を引くことができます。

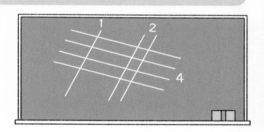

❷様々な計算式で試してみる

線が交差しているところは、十の位が4つ。
そして、一の位が8つですね。
つまり、答えは48と分かります。

ええっ、すごい！

ノートに、いろいろな
計算式でやってみましょう。

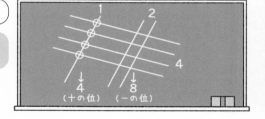

ADVICE ! ・十の位の交差しているところが10を越えると、その数字は百の位に繰り上がります。

100 を超えたらすぐアウト！

45 100 超え九九

ねらい かけ算が素早くできるようになる

❶九九の答えに、別の数字をかける

 100 超え九九というあそびをします。
九九の答えに、 2 〜 9 のどれかの数字をかけます。
ペアでかけ算を交互に続けて、先に 100 を超えたほうが負けです。
紙に書いて筆算をしてもかまいません。
となりの人とジャンケンして、勝った人から始めましょう。

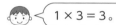 1 × 3 = 3。

 3 × 9 = 27。

 1 × 3 = 3

 3 × 9 = 27

❷先に 100 を超えたほうが負けになる

 27 × 3 = 81。

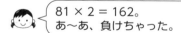 81 × 2 = 162。
あ〜あ、負けちゃった。

 もう 1 回やろう！

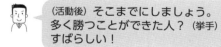 （活動後）そこまでにしましょう。
多く勝つことができた人？ （挙手）
すばらしい！

 27 × 3 = 81

 81 × 2 = 162。
あ〜あ、
負けちゃった

ADVICE！ ・秋以降には、150や200を超える九九で行うのもいいでしょう。

46 数字クイズ
数字の言葉が分かるかな？

ねらい 数字に親しみをもつ

❶数字で言葉を作る

「０８４０」。これは何と言っているのか、分かりますか？
これで、「おはよう」と言っているのです。
「８３１」は野菜、「２９」だと肉。
こんなふうに、数字の語呂合わせで言葉を作って、クイズを出し合います。

どんな問題にしようかな？

おはよう
０８４０
やさい
８３１
にく
２９

どんな問題に
しようかな？

❷作った問題を出し合う

では、となりの人と出し合いましょう。

「１０１０６４」。これ、な〜んだ？

分からない……。

正解は、テントウムシ！

では、みんなに問題を出せる人？
（挙手・指名）

「１０１０６４」。
これ、な〜んだ？

分からない……

正解は、
テントウムシ！

ADVICE！ ・タブレットに問題の数字を打ち込んで、全員に共有するようにして答えを
考えるのもいいでしょう。

縦に足して計算練習！

47 エレベーター計算

ねらい 足し算の計算を正確にできるようになる

❶筆算で縦に同じ数を足す

 同じ数を足していくエレベーター計算をします。筆算で何段目まで計算できるか、やってみましょう。制限時間は３分間。４段目までたどり着けたら、すごいですね。
今日の数字は、４２３５です。用意、始め！

 ４２３５＋４２３５＝８４７０。
８４７０に、また４２３５を足して……。

```
    4 2 3 5
  + 4 2 3 5
    8 4 7 0
  + 4 2 3 5
```

8470に、また4235を足して……

❷答え合わせをする

 では、答え合わせをしましょう。
１段目、８４７０。２段目、１２７０５。
３段目、１６９４０。４段目、２１１７５。
５段目、２５４１０。６段目、……。
（８段目まで確認）
４段目以上までたどり着けた人はいますか？（挙手）

 ４段目まで、できました！

 すごい！

```
    4 2 3 5
  + 4 2 3 5
    8 4 7 0
  + 4 2 3 5
  1 2 7 0 5
  + 4 2 3 5
  1 6 9 4 0
  + 4 2 3 5
  2 1 1 7 5
```

4段目まで、できました！

ADVICE!　・答え合わせには電卓を使用しましょう。
・タブレットの計算機能を用いれば、班ごとに数字を決めて、自分たちで答え合わせすることも可能です。

計算の問題、どこにある？
48 計算アドベンチャー
ねらい 楽しみながら練習問題に取り組む

❶教室内を移動して問題を探す

 教室のどこかに、計算の練習問題があります。
ノートを持って、その問題を解いてきてください。
1問目は、黒板に書きます。制限時間は5分間です。
さて、何問解くことができるでしょうか？

 「① 32 ÷ 4 ＝ ？」。
よし、できた。探しに行こう！

 よし、できた。
探しに行こう！

❷答え合わせをする

 こんなところに3問目があった！

 天井にもある！

 （活動後）5分間がたちました。
答え合わせをしますので、座
りましょう。1番は、8。2
番は、4。3番は、37。
（全問答え合わせをする）全問正
解した人？（挙手）

  はい！

 すばらしいですね！
学習が定着していますね。

①5×8+2＝？

こんなところに
3問目があった！

天井にも
ある！

ADVICE! ・教室の10か所程度に用意しておきます。子どもにバレないようにするため
に、朝や放課後にこっそり仕込んでおきましょう。

数字や計算のあそび④

一緒に計算を進めよう！

49 リレー計算

ねらい 筆算のやり方を間違えないように覚える

❶分担を決める

 今日は、班でリレー計算をします。
「①問題を筆算で書く」→「②一の位を計算する」→「③十と百の位を計算する」→「④答えの見直しをする」という順番です。
4人で①～④の分担を決めて、計算をしてください。
答えは、後ろの黒板に書いています。
全部で10問あります。4問目まで解くことができればすごいですね。

 まずは、「325 + 486」という
問題を書くよ。

 僕が、一の位を計算するね。

問題を書くよ

一の位を計算
するね

❷答えを出す

 よし、十と百の位を計算するぞ！

 見直しをするよ！　……よし、間違いない！

 （活動後）そこまでにしましょう。
4問目まで解くことができた班は？
（挙手）

 は～い！

 すごい！

十と百の位を
計算するぞ！

見直しを
するよ！

ADVICE!　　・リレー計算をすることによって、計算の順序を共通理解させます。
　　　　　　　・①～④の内容を変化させれば、様々な筆算の計算で用いることができます。

不思議な計算、どうなっているのかな？

50 消えた20円

ねらい 立式について思考する

❶消えたお金について考える

不思議な問題を考えてみましょう。友だち3人でおやつを買ったら、全部で300円でした。そこで、1人100円ずつ出しました。しかし、じつは店員の間違いで、本当の代金は260円でした。店員は40円を返そうとしましたが、3人では分けられないので、それぞれ10円ずつもらい、残った10円は、店員にあげました。3人は、これで90円ずつ、合計270円払ったことになりますが、店員の10円を入れても、280円にしかなりません。さて、20円は、どこへ消えてしまったのでしょうか？

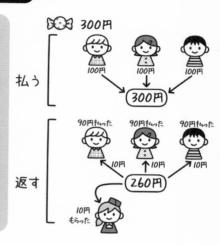

本当だ！　おかしいな～。

❷立式の仕方を確認する

じつはお金は、どこにも消えていません。代金は300円ではなく260円であり、店員にあげた10円は払ったお金に含まれているので、「払ったお金270円－店員の10円＝260円」です。

ああ、そうか！

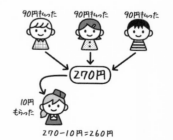

ADVICE!　・問題文を読み返す必要があるため、問題文は後ろの黒板に書いておいたり、タブレットやパソコン上で共有したりするとスムーズです。

どこに線を引けばいい?
51 Nに3本
ねらい 図形の形に注目して思考力を働かせる

❶Nの字の上に線を引く

Nという字に、3本の直線を引き、7つの三角形を作ります。ただし、重なっているものは、数に入れることができません。

う〜ん……。

(活動後) 6つまでできた人はいますか? (挙手・指名)
では、Aさん、前に出て書いてみてください。
惜しいですね。線を1本動かして、三角形をもう1つ作ることはできないでしょうか?

❷7つの三角形を作る

では、できたという人、黒板に書いてみてください。(挙手・指名)

ここに引きます。

あ〜、なるほど〜!

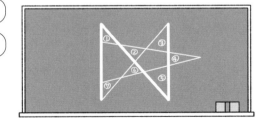

ADVICE! ・クラス全体の3分の1ほどが理解できたら、答え合わせに移るようにするといいでしょう。

プリントで正三角形を作るには？

52 折り紙正三角形

ねらい 実物を操作して思考力を働かせる

❶折り紙を折って正三角形を作る

折り紙で、正三角形を作りましょう。
ただし、ものさしを使ったらダメです。
さて、どうやれば作ることができるでしょうか。
分かった人は、先生に見せにきてください。

一辺を折り曲げたらできました。

それは直角三角形ですね。
正三角形の１つの角度は、何度
だったかな？

折り紙で、正三角形を
作りましょう

できました

それは
直角三角形ですね

❷分かったら教師のところへ見せにいく

正三角形の性質を考えるといいですね。

どの辺も長さが同じ……そうか！

分かりました！　折り曲げて、
辺の長さを同じにしました。

正解！

正解！

ADVICE !　　・折り紙を半分に折って折り目を付けて、そこに両側奥の頂点が合わさるよ
　　　　　　　うに折り曲げると、正三角形ができあがります。

こんな抜け方が、あったんだ！
53 迷路の抜け方
ねらい パターンを知り、ほかの場面に応用する

❶紙に迷路を描く

紙を配りますので、迷路を描きましょう。
すぐに抜けられるような、簡単なものを1つ描いてみてください。じつは、迷路を絶対に抜ける裏技があるのです。それは、壁をつたっていくことです。どちらかの壁をつたっていくと、必ずゴールに行き着くことができます。やってみましょう。

本当だ！

壁をつたっていくと、必ずゴールに行き着くことができます

ゴール

スタート

本当だ！

❷難しい迷路にチャレンジ

では、ちょっと難しい迷路を描いてみましょう。そして、同じように壁をつたって、ゴールへ向かっていきます。

難しい迷路でもできました！

難しい迷路でもできました！

解けない迷路があったときには、こうやって壁をつたってみるといいですね。

ADVICE！ ・迷路の画像を共有して、ゴールに行き着くかをクラス全員で考えてみる方法もおすすめです。

相手の動きを封じよう！

54 3点封じ

ねらい 相手の動きを見て考える

❶ 消しゴムやキャップを動かす

 今日は、頭を使うあそびをしましょう。
ペアに1枚の紙を配りますので、5つの点を線で結んだ図を描いてください。
そして、それぞれ、消しゴムやキャップなどのコマを2つずつ用意します。
交互に自分のコマを動かして、どの交点にも移動できない状態になったら負けです。相手の行き先がなくなるように、先を読みながら自分のコマを動かします。ジャンケンで勝ったほうから進めましょう。

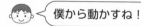 僕から動かすね！

 じゃあ、私はこうかな？

僕から動かすね！

❷ 動かせなくなったら終了する

 う～ん、ここに動かそう。

 あっ、やられた！　もう1回やろう！

 （活動後）そこまでにしましょう。
多く勝つことができた人？（挙手）
よくがんばりました！

あっ、やられた！

ADVICE！　・図は、大きめに描くほうが動かしやすくなります。小さく描いてしまったペアは、裏にもう一度描かせるようにしましょう。

ねじって切ると、どうなるの？

55 メビウスの輪

ねらい 形の不思議に気付く

❶細長い紙をねじって輪を作り、真ん中を切る

 ここに細長い紙があります。その紙を半回転だけ
ねじって輪を作り、真ん中を切っていきます。
どうなるのか、予想してみましょう。

 バラバラになるんじゃない？

 では、切ってみますね。
なんと、大きな輪になりました！

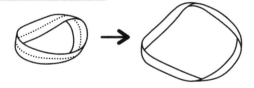

❷1回ねじって輪を作り、真ん中を切る

 今度は1回ねじって輪をつくり、真ん中を切ってみます。
どうなると思いますか？

 もっと大きな輪になるんじゃない？

 では切ります。なんと、つながっ
た2つの輪になりました！

 不思議だな〜！

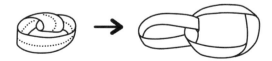

ADVICE! ・1回半、2回と、ねじる回数を増やしていきましょう。
・時間があれば、子どもに紙を配り、一緒にやるのもいいでしょう。

56 ペアバトル

となりの人と、いざ勝負！

ねらい 四則計算を工夫する

❶ ジャマイカの解き方を知る

 ジャマイカをします。
黒いサイコロの数字の和を、白いサイコロの数字を足したり引いたりかけたりして計算して求めます。まずは、練習をしてみましょう。これだとどうでしょうか？
となりの人と勝負をしてみましょう。

う〜ん……。

う〜ん……

❷ ペアで勝負する

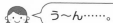 5 × 4で20。6 − 2で4。
4 × 1で4。20 + 4で24。

（活動後）そこまでにしましょう。
勝てた人？（挙手）
では、誰かに説明してもらいましょう。
（活動後）拍手を送りましょう。
それでは、次の問題です。

5×4で20。6−2で4。
4×1で4。20+4で24。

ADVICE！ ・5問ほど続けて行います。ペアを席が前後の人にして行うのもいいでしょう。

代表者同士で、いざ勝負！

代表者バトル

ねらい 四則計算を工夫して楽しむ

❶班の代表者が勝負する

班で、1〜4までの順番を決めましょう。
3人の班は、誰かが2回やってください。では、1人ずつ代表者になって、ジャマイカを解きます。1番はやく解けた班は1ポイントです。どの班が優勝するでしょうか？　では、第1問！

え〜っと……。

❷一番はやく答えた代表者の班にポイントが加算される

できました！
4 × 4で16。16 − 3で13。13 × 5で65。65 × 1で65。

すばらしい！　2班に1ポイント！
では、2番目の人が立ちましょう。
（全員活動後）優勝は3班でした。拍手〜！

4×4で16。16−3で13。
13×5で65。65×1で65。

ADVICE!　・まれに、手を挙げてから考える子どもがいます。そういう場合には、「何も言えずに5秒間止まってしまった場合はアウト」とするルールを加えるといいでしょう。

58 解き方何種類大会

いくつの解き方ができるかな？

ねらい 様々な四則計算をする

❶班の中で様々な解き方を考える

ジャマイカの問題を出します。
班で、いくつ考え方が出せるか数えましょう。

思いついたよ。
5 × 2 は 10 で……。

思いついたよ

❷考えた解き方の数を発表する

では、班でいくつできたのか発表してもらいましょう。
1つの班？　2つできた班？　3つ以上の班？
（全班確認後）では、代表して言える人はいますか？（挙手）

はい！　4つ考えました！

はい！
4つ考えました！

ADVICE!
・2〜3問ほど続けて行います。
・順番を入れ替えただけの考え方が出されていることもありますが、詳細を問うとゲームが成立しないので、あまり追及せずに進めましょう。

59 ジャマイカ何問できるかな？
ジャマイカスライド
ねらい 四則計算でたくさんの問題に取り組む

❶ジャマイカを1人で考える

 ジャマイカの問題のスライドを、みなさんのパソコンに送ります。
何問目まで解くことができるか、チャレンジしてみましょう。

 5＋4で9。
2×3で……いや、違うな～。

❷できるところまで解く

 3×2で6。6×6で36。
その36から1を引けば35。
できた！　次の問題にチャレンジするぞ！

 （活動後）そこまでにしましょう。
何問目まで解くことができましたか？

 私は、5問目まで解けました！

 すごい！　また次回、自分の記録を
超えられるようにがんばりましょう。

ADVICE！　・ジャマイカを撮影し、写真データの名前を番号にすると、問題のスライドと
してきれいに並びます。

ジャマイカあそび⑤

60 ジャマイカスライド班対抗戦

考えを出し合って、次々進め！

ねらい 四則計算を用いて協力する

❶班でジャマイカを解く

 ジャマイカの問題のスライドを、みなさんのパソコンに送ります。班で協力して、どこまで解くことができるのか挑戦しましょう。7問解けたらすばらしいですね。制限時間は3分間です。

 できた！全部足すと15になるよ。

 本当だ！

全部足すと15になるよ

本当だ！

❷結果を確認する

 （活動後）そこまでにしましょう。何問目まで進めることができましたか？
1問目の班？　2問目の班？
（順番に確認後）7問以上解くことができた班はありますか？
すごい！　何問目までできましたか？

 8問目までできました！

 拍手を送りましょう！

8問目までできました！

ADVICE！　・問題のスライドは、15枚ほど用意しておきます。

文字を書くスピードと学力

　低学年の頃は、指先の運動機能が未熟なために、ゆっくりと丁寧に書く子どもが多いものです。その癖が残ってしまい、中学年になっても書くのが遅い子どもが見られます。文字を丁寧にはやく書けることが成績に重要な影響をあたえることは、よく知られていることです。

　じつは、文字の美しさと併せて文字を書く「スピード」が、子どもの成績を大きく左右するといわれています。文字を書くスピード、つまり筆記速度は、人間の思考活動にとって、大きな役割を占めているのです。いくら頭の中で考えが進んでいても、文字を書くスピードが追いつかないと、頭の働きに手がついていかず、考えがまとまらないからです。このようなことにならないために、普段から筆記速度をはやくする練習をしておくといいでしょう。

　まずは、子どもの意識から変えていくことです。「3年生になったら、どの教科でも、たくさんの言葉を書くことになります。丁寧にはやく書けるようになることを目指しましょう」というように伝えます。

　その上で、筆記速度に注目させていきます。まずは、大きな字を勢いよく書かせる練習をしておくことが有効です。ゆっくり書いてきれいなのは当たり前。「はやく、きれいに」書けるように練習させます。授業の中では、「先生と同じスピードで書きます」とか、「10秒だけ待ちますので、書ききりましょう」というように、スピードを意識させるような言葉かけをしていきます。

　スピードを高める取り組みも、いくつか実施するといいでしょう。例えば、文字をはやく書く取り組みに、「文章写し」があります。原稿用紙を配付して、そこに文章をそっくり写していきます。「1分間でどこまで書けるか」に挑戦させていくのです。まったく同じ活動を2週間程度続けます。その間で、少しでも多く文字が書けるようになることを目指します。

　聞き取ったことを書くのもいい活動です。例えば、連絡帳を書く際に、「今日は口頭で連絡します」として、聞いたことを書かせていきます。一定の時間に書ききらなければ、次の言葉が読み上げられてしまうので、必然的にはやく書けるようになっていきます。

　文字を書くスピードが高まることによって、限られた時間内で行われるテストにも役立ちます。国語科のみならず、全教科の成績向上がはかれることでしょう。

Chapter

4

理科の楽しさが体感できる3年生あそび

3年生から学び始める理科では、
生活科との結びつきから、
少しずつ理科的な概念が形成されるように
移行したいところです。
「理科って楽しい！」と感じさせる
あそびを紹介します。

この植物は、何だろう?
61 植物拡大クイズ
ねらい 植物を拡大して観察する

❶2枚のワークシートを書く

植物を観察して、クイズを作りましょう。
虫眼鏡を使って、植物を拡大して観察します。1枚目のワークシートには、虫眼鏡の絵の中に、拡大したところを描き入れます。2枚目のワークシートには、答えとなる植物の名前を書きます。
植物の名前が分からない場合は、インターネットで調べてもかまいません。

この部分が、難しそうだな〜。

❷ワークシートを掲示する

ワークシートは重ねて、上の部分を貼り合わせるようにしてくっつけます。
できたものを、廊下に掲示しましょう。

これは、タンポポかな?
あっ、シロツメクサか〜!

ADVICE! ・ワークシートは、p.122・123にありますので、A4サイズに拡大して使用しましょう。

好きな植物を、しおりにしよう！
62 ラミネートしおり作り
ねらい 観察した植物に親しみをもつ

❶小さな植物を採取する

 植物を観察して採取し、しおり作りをします。
観察が終わったら、班ごとに新聞紙にはさみ込んで、その上に辞書や本を載せて一晩置いておきましょう。水分を抜き取るためです。

 この植物にしよう！

❷植物をラミネートする

 （次の日）では、昨日、新聞紙にはさみ込んだ植物をラミネートして、しおりを作りましょう。
1人に1枚ずつラミネートを配りますので、その中にきれいに植物を入れ込みましょう。きれいに入ったら、先生のところへ持ってきてください。

 わ～、完成した！
かわいい！

かわいい！

ADVICE!
・ラミネートは、水分が残っているとうまくできませんので、よく乾かすことがポイントです。また、ラミネートフィルムから植物がはみ出ると故障の原因になるので、教師が機械操作しましょう。
・ラミネートフィルムは、A4サイズを4つに分けるようにして切ります。
・パンチで穴を開ければリボンを通すこともできます。

コオロギを大切に育てよう！
63 コオロギ育て

ねらい 昆虫を大切に育てて、愛護する態度を養う

❶育て方を説明する

教室でコオロギを育てましょう。
土は3～4cmの深さで飼育容器に入れ、湿らせておきます。
エサ（市販の物を使用）の容器と、水飲み場を作ります。
みんなで、しっかりお世話をしましょうね。

隠れ家に、ダンボールを入れよう！

食品用ラップフィルムの芯も入れてみよう！

❷エサと水をあたえる

今日は、キュウリとナスを持ってきました。
爪楊枝で刺して、土に触れないようにして入れましょう。

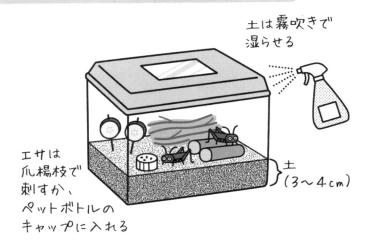

土は霧吹きで湿らせる

エサは爪楊枝で刺すか、ペットボトルのキャップに入れる

土（3～4cm）

ADVICE!　・1つの飼育容器にたくさん入れると、共食いする可能性があります。
　　　　　　・スズムシも同じようにして育てることができます。

64 カブトムシを成虫にしよう！ カブトムシ育て

ねらい 昆虫を大切に育てて、愛護する態度を養う

❶ 育て方を説明する

 カブトムシの幼虫を育てましょう。
腐葉土（殺虫剤の混じっていないもの）に幼虫を入れています。
ときどき、霧吹きで水をかけて、湿らせておくようにしましょう。
また、週に１回くらい、土の表面にある楕円形のふんを取り除くようにします。成虫になるのが楽しみですね！

 丸くなって眠っているね。

❷ 成虫にエサをあたえる

 成虫になったので、
昆虫ゼリーをあたえましょう。

 かっこいい！

土は霧吹きで
湿らせる。
湿りすぎると
ストレス・カビで
弱ってしまうため
注意！

登り木

昆虫ゼリー

落ち葉

ADVICE！
・飼育容器は、できるだけ大きなものを用意しましょう。
・１つの容器に多く入れすぎるとケンカをするので、オス１匹とメス１～２匹までくらいにしましょう。
・幼虫の間に直接さわりすぎると弱ってしまうので、注意が必要です。

にせものは一体どこにある？

65 擬態実験

ねらい 昆虫と周辺の環境との関わりに注目する

❶鳥になったつもりで自然を見る

鳥になったつもりで、自然の中を見てみましょう。水線の向こう側には、自然界にはない、人がつくった物が置かれています。
いくつの人工物があるのか、数えてみてください。ただし、水線を越えてはいけません。制限時間は5分間です。

あそこに鉛筆があるよ！

あそこに鉛筆があるよ！

❷見つけにくかった物を確認する

正解は、鉛筆、木製洗濯バサミ、ボタン、プラスチックのニンジン、人形、スポンジでした。全部見つけられた人？（挙手）
すばらしい！　いったん教室に戻りましょう。
（教室に戻ってから）見つかりにくかったものはどれですか？

まわりの色と似ていたので、スポンジが見つけにくかったです。

そうですね。じつは昆虫も、天敵や獲物に見つからないようにするために、色や形を自然のものに似せています。それを「擬態」と呼びます。
どんな擬態があるのかを、インターネットで調べてみましょう。

カマキリの擬態、すごいな！

ADVICE！　・教師があらかじめ文房具や雑貨を隠しておきます。
　　　　　　　・「虫の名前　擬態」で検索すると、画像を見つけることができます。

風とゴムの力あそび①

66 ゴム見っけ
こんなところにも、ゴム発見！
ねらい ゴムの性質を知る

❶ゴムの歴史を説明する

ゴムは木の皮に傷をつけて、流れ出す樹液を固めたものです。
南アメリカでゴムを見たヨーロッパの人々は、とても驚きました。子どもたちがゴムからとった液をボールのように固めてあそんでいて、不思議に見えたのです。はじめはベトベトで使いにくかったのですが、アメリカのグッドイヤーという人が硫黄を入れて熱するとベトベトにならないことに気付きました。
その後、輪ゴムや自動車のタイヤなど、様々なものに使われるようになりました。

❷身近なゴム製品を探す

今では、化学工業が発達して、石油を燃料にした合成ゴムが製造されています。私たちの身のまわりにも、ゴム製品のものがありますね。見つけてみましょう。

帽子にゴムが使われているよ！

靴の底にもあるね！

帽子にゴムが使われているよ！

靴の底にもあるね！

ADVICE! ・ゴムには、18種類もの素材があります。絶縁性、耐熱性など、それぞれ性質が異なります。

ロケットみたいに飛び上がる!
67 紙コップロケット

ねらい ゴムの力は物を動かすことができると知る

❶ 紙コップに輪ゴムを取り付ける

紙コップでロケットを作りましょう。
紙コップの口を4等分するように印を付けて、そこに切り込みを少し入れます。2つの輪ゴムを交差させるようにその切り込みに引っかけます。
もう1つの紙コップに輪ゴムを付けた紙コップを重ねて手を離すと、発射させることができます。

切り込みを入れろ

輪ゴムをかける

❷ 遠くまで飛ばす方法を考える

どうすれば、遠くまで飛ばすことができるのでしょうか?

輪ゴムを二重にすると、大きく飛びました。

もっと長く輪ゴムを引っ張れたら、遠くまで飛びそうなんだけどな〜。

ADVICE! ・食品用ラップフィルムの芯を発射台にし、紙コップロケットの底をくり抜くようにすると、さらに遠くまで飛ばすことができます。

ゴムの力を調節しよう！
68 ぴったりゲーム
ねらい ゴムの力と動きの変化に気付く

❶ゴムの力で車を走らせる

ゴムの力を使って車を進めるあそびをしましょう。
まずは、工作キットの説明をよく読んでゴムで動く車を組み立てます。
体育館に線を３本引いています。奥から、５点、10点、５点、２点です。作った車を走らせ、ちょうど10点のところに止めることができるでしょうか？
挑戦してみましょう！

あ〜、行きすぎてしまった〜。

あ〜、行きすぎてしまった〜

5点　10点　5点　2点

❷うまく進める方法を考える

何か気付いたことはありましたか？

輪ゴムを長く伸ばすと、
より遠くまで進みました。

輪ゴムの数を増やすと、
遠くまで進みます。

輪ゴムを長く伸ばすと、
より遠くまで進みました

ADVICE! ・実験結果から、ゴムのはたらきについて注目できるように流れを組み立てます。

69 風輪

風で走る車を作ろう！

ねらい 風の力で物が動かせることを知る

❶風輪を製作する

 風輪を作ってあそびましょう。
紙皿を半分に折って、放射状に切り込みを入れます。
切り込みを互い違いに折ります。
同じものをもう1つ作って並べ、内側をつなげてホチキスでとめます。

 切り込みの数を多くして
みようかな？

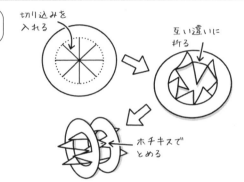

切り込みを入れる

互い違いに折る

ホチキスでとめる

❷風輪であそぶ

 完成した人は、うちわであおいで走らせましょう。

 強い風を受けると、はやく走るね！

 細かくあおぐと、よく走るよ！

細かくあおぐと、よく走るよ！

ADVICE！ ・紙皿と紙皿の間隔を空けると、倒れにくくなります。
・はやくできた子どもには、紙皿に色を塗るなどの作業をさせるようにしましょう。

風とゴムの力あそび⑤

70 加湿器で風観察

風はどうやって動くのかな？

ねらい 風の力をどのように受け止めているのか考える

❶風の動きを予想する

 風で動く車は、どのようにして風を受けているのでしょうか？
今日は、加湿器の湯気の動きを見て、風の動きを確かめます。
それぞれ、どのように風を受け止めるのかを予想してみましょう。

 どれも、流れるように受け止めるんじゃないかな？

どれも、流れるように受け止めるんじゃないかな？

❷加湿器の湯気の動きを見る

 では、実際に風を車に当てて、試してみましょう。

 斜めのものは、風が流れないね。

 だからよく進んでいたんだ！

斜めのものは、風が流れないね

ADVICE！ ・加湿器が1台しかない場合は、教卓で教師がやってみせます。班に1台用
意できるのであれば、子どもたち自身で試させるようにしましょう。

墨汁がこんなに熱くなるなんて！

71 黒い水をあたためよう

ねらい 日光を当てると物の温度が変わることを知る

❶墨汁を用意する

鏡を固定して日光を集めるようにして、墨汁をあたためます。
厚紙を配りますので、これで固定しましょう。
鏡を立てて、墨汁へと光を当てます。
班で1つ、ペットボトルに入れた墨汁を用意しましょう。
はじめの温度を測ります。墨汁をさわって、冷たさを感じておきましょう。

うん、水の冷たさだね！

❷いっせいに光を当てる

影の場所に、ペットボトルを置き、
鏡を固定して光を当てます。
そのまま、しばらく放置しておき
ましょう。(5分後)では、再びさわっ
てみましょう。
やけどしないように気をつけま
しょうね！

生ぬるくなっている！

こっちは、熱いよ！

ADVICE！　　・書写の授業で余った墨汁を入れたペットボトルを用意するとスムーズです。
　　・墨汁の代わりにバターやチョコレートをあたためるのもいいでしょう。溶け
　　るので、実験結果が視覚的に分かりやすくなります。

どうすれば先生よりあたたまる？

72 温度上げバトル

ねらい 日光を集めると物の温度が変わることを知る

❶温度を高めるための方法を話し合う

光を集めると、物があたたまるようですね。ダンボールに温度計を差し込んで、鏡で日光を反射させてあたためましょう。
では、先生と勝負しましょう。温度が高いほうが勝ちです。どうやって光を集めればいいのか、班で作戦会議をしてください。

できるだけダンボールの近くに鏡を置こうよ！

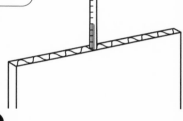

（活動後）では、制限時間は5分間です。
用意、始め！

❷教師と勝負する

先生のほうの温度は、38度でした。みなさんは、どうですか？

僕たちの班は、42度でした！

私たちは、45度です！

すごい！　負けました。
2班は、どうやって光を集めたのですか？

鏡を置いておき、
固定するようにしました。

なるほど。ほかの班も、その方法でもう一度あたためて、測ってみましょうか？

ADVICE！ ・教師も子どもたちと同じ枚数の鏡を使いましょう。4枚の場合、2枚は固定して、2枚は手で持ちます。

模様を反射させると、どんな形になるのかな？

73 型紙うつし

ねらい 光の性質について考える

❶型紙を切る

鏡を見ると、自分の顔がうつりますよね。今日は、このように鏡に型紙で模様を作って、光を反射させます。どんな光の形ができると思いますか？

切り取った形だと思います。

では、自分の好きな形を切り取りましょう。

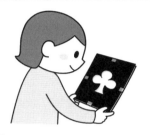

❷日光を反射させる

鏡に貼り付けたら、外に行って光を反射させてみましょう。近くや遠くから、光を壁に当ててみましょう。

近いと、型紙の形になるね！

遠いと、丸くなっている！

じつは、この丸い形は太陽の形なのです。太陽は、表面の温度が約6000度もあって、ものすごい量の光を放っています。
あまりにも遠いところから進んでくる光なので、ほぼ平行に進んでいます。
だから、遠くにうつし出すと、この太陽の形がそのままうつし出されることになるのです。

遠いと、丸くなっている！

ADVICE！ ・木漏れ日なども、総じて丸い形になっています。身近な生活の中に太陽の形を見つけるようにさせるといいでしょう。

光あそび④

74 水で光は集まるの？
水レンズ作り

ねらい 日光を集めるための条件を考える

❶時計皿に光を当てる

 前回の授業では、虫眼鏡で光を集めることができました。
今日は、時計皿2枚を合わせて光を当てます。
光を集めることができるでしょうか？

 曲がっているから、集められそうだな〜。

(活動後) うまく光を集めることができませんね〜。

時計皿

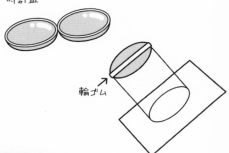

輪ゴム

❷時計皿の中に水を入れて光を当てる

 では、中に水を入れると、どうでしょうか？
時計皿2枚を合わせて、輪ゴムでくっつけてふさぐようにします。

 ガラスだけじゃないから、光は集められないんじゃないかな〜。

 では、やってみましょう。
(活動後) 水を入れると、光を集めることができましたね！

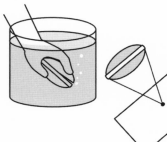

ADVICE!
・直径8cmの時計皿2枚に対して、幅1.5cm、直径6cm程度の輪ゴムを使用します。
・時計皿を輪ゴムでくっつけた状態にして、水槽に入れてクリップなどで端を開けるようにして水を入れるとスムーズです。

よりはやく焦がすには、どれがいい？

75 虫眼鏡の力比べ

ねらい 日光をたくさん集める方法を考える

❶虫眼鏡で光を集める方法を考える

 前回の授業では、虫眼鏡で光を集めると、火を起こすことができると学びました。では、もっとはやく焦がす方法はないでしょうか？

 2つ虫眼鏡を使えばいいと思います。

 虫眼鏡を重ねて二重にすればいいと思います。

 大きな虫眼鏡を使えばいいと考えました。

 では、班に、小さな虫眼鏡を2つ、大きな虫眼鏡を1つ渡しますので、実際にやってみましょう。

❷実験結果を共有する

 （活動後）そこまでにしましょう。分かったことはありますか？

 2つで、より多くの光は集められませんでした。

 二重にしても、あまり変わらなかったです。

 大きな虫眼鏡では、はやく焦がすことができました。

 なるほど。つまり、光を集める量が大事ということですね！

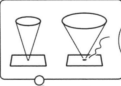

大きな虫眼鏡では、はやく焦がすことができました

ADVICE! ・「大きな虫眼鏡は、分厚いからはやいのではないか？」という意見が考えられます。そのときは、大きな虫眼鏡に黒い紙を貼り付けて、小さな虫眼鏡と同じ面積にして実験してみるといいでしょう。

76 缶ジュースの魔法

先生は、どうやって光らせているの？

ねらい 電気を通すものと通さないものを考える

❶教師がスチール缶で実験する

前回の授業では、スチールは鉄であり、電気を通すと学びましたね。
しかし、電気を通すにはコツがいるのです。
先生は、この通り。きちんと光らせることができます。
みなさんは、できないでしょうね～？！　……やってみましょうか。

本当だ！　光らない。
どうして？

先生の缶に、秘密があるんじゃない？

電気を通すにはコツがいるのです

光らない。どうして？

❷紙やすりで削ってから電気を通す

あ～っ！
ここ、削ってある！

バレてしまいましたか～。じつは、缶はサビやすいので、塗装がなされているのです。だから電気を通すには、紙やすりで削らないといけないのです。班に1枚、紙やすりを配りますので、これで削って光らせてみましょう。

わあ、光った～！

あ～っ！ここ、削ってある！

バレてしまいましたか～

ADVICE！
・アルミ缶でも同様にやってみましょう。
・終わったあとの缶を置いておくと、数日のうちにサビてしまいます。それを見れば、塗装の役割を理解することができるでしょう。

77 金紙と銀紙

金紙と銀紙は光るのかな？

ねらい 電気を通す物と通さない物があることに気付く

❶紙に電気が流れるかを予想する

前回の授業では、金属は電気を流すことを確認しました。
今日は、これです！
（紙を取り出す）折り紙の金紙と銀紙は、電気を通すでしょうか？ 予想してみましょう。

光っているけど、紙だから通さないんじゃないかな～。

紙だから通さないんじゃないかな～

❷実験する

では、実験をしてみましょう。

あっ！ 銀紙は、光ったよ！

金紙は、光らないな～。

銀紙は、アルミニウム箔を貼りつけているので、電気が流れるのですよ。
じつは、金紙も工夫をすれば流れるのですが……。

銀紙は、光ったよ！

金紙は、光らないな～

あっ、紙やすりで削ってみよう！

ADVICE！ ・金紙も、薄く紙やすりで削ってみると、アルミニウム箔が現れます。金紙は、アルミニウム箔の上に、黄色い塗料が塗ってあるのです。

78 食べ物にも電気は通るのか？ アラザン電気

ねらい 電気を通す物と通さない物を考える

❶電気が通るか予想する

 アラザンは、ケーキの飾り付けに使われる銀色の小さい粒です。
食べてみると、甘くておいしいですよ。
さて、このアラザンに電気は通るでしょうか？
班で話し合ってみましょう。

 見た目はキラキラして
金属っぽいけど……。

 さすがに、食べ物に電気は
通らないでしょう。

アラザンに電気は
通るでしょうか？

食べ物に電気は
通らないでしょう

❷実験する

 では、実験をしてみましょう。

 ええっ！？　電気が通った〜！

 じつは、アラザンは砂糖玉
のまわりに銀の粉をくっつ
けたものなので、電気が通
ります。もちろん、食べて
も毒ではありません。

電気が通った〜！

ADVICE！　・銀に毒性はありませんが、金属の中には毒性のあるものもあるため、安易
に口に入れないよう注意を促しましょう。

79 ソケットなしの豆電球

ソケットがなくても電球が光る！

ねらい 電気を通すつなぎ方を考える

❶導線2本で豆電球を光らせる

 今日は、ソケットなしで豆電球を光らせます。
豆電球、乾電池、導線2本を用意しましょう。

 あっ、光った！

 簡単だよ！

❷導線1本で豆電球を光らせる

 今度は、導線1本だけで取り組みましょう。
できたら天才です！

 う～ん……。

 あっ、できた！

 すばらしい！
できた人は、ほかのやり方も考え
てみましょう。

ADVICE!　・「ショート回路」を作ってしまうおそれがあります。「熱くなったらすぐに乾
　　　　　　電池から導線をはずすこと」をしっかりと注意しておきましょう。

80 アルミニウム回路

アルミニウムがどんな形でも電気は通る?

ねらい 電気の回路について考える

❶アルミニウムの形を見て予想する

アルミニウム箔は金属ですから、電気を通しますよね。
では、このような状態ではどうでしょうか。
(アルミ箔をくしゃくしゃに丸めてみせる)

通らないんじゃない?

(実験してみせる) じつは、電
気は通るのです。では、真ん
中に穴をあけるとどうなるの
でしょう。
(実験してみせる) これでも、
電気は通るのです。

❷アルミニウム箔を配付する

では、アルミニウム箔を班にそれ
ぞれ配付しますので、細く切って、
ねじり、回路を作ってみましょう。

こんなに長くても、電気は
通るんだね!

(活動後) はい、そこまでに
しましょう。
私たちの家庭の電気も、発
電所から長い距離を、電線
を伝わってやってきている
のです。

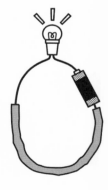

ADVICE!

・アルミニウム箔をむやみやたらに使おうとする子どもがいますので、アルミ
ニウム箔をあらかじめ切っておき、「5枚まで」などの制限を設けておきま
しょう。

論理的に考えられるようになる

　幼児期には、「自己中心性」という特徴があります。自己中心性というのは、自分と他者の違いを明確に理解できずに、他者の視点を理解できないことです。

　この自己中心性は、3年生になると、だんだん弱まってきます。その点について、スイスの心理学者ピアジェと共同研究者のインヘルダーが行った実験がよく知られています。

　下の絵のように、3つの山の模型を配置します。A〜Dの4つの視点で、山がどのように見えるのか、それに合った絵カードを選ばせるようにします。

　4〜5歳では、「どこから見ても」同じだと捉えます。地点にかかわらず、自分から見えているものと同じように見えると判断するのです。しかし、7〜9歳になると、「見るところによって見え方は変わる」と判断できるようになります。そして、9〜10歳になると、各地点での見え方を把握できるようになります。

　小学3年生といえば、8歳から9歳になる年齢です。3年生では、2年生の頃よりも、自己中心的な考え方から、様々な視点から物事を考えられるようになっていくといえます。

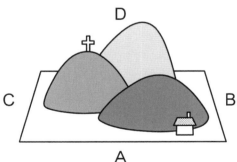

4〜5歳「どこから見ても同じだ」
　自分から見ているものと同じように見えると判断する。

7〜9歳「A〜Dで見え方は変わる」
　地点が変わると見え方が変わることが分かるが、どのように見えるかは分からない。

9〜10歳「Aに立つと……、Bは……、Cは……、Dは……」
　各地点からの見え方が分かる。

社会科への興味が
グ〜ンと高まる
3年生あそび

3年生から学び始める社会科では、
身近な町や生活しているところから
視野を広げていきます。
地図や地域に関心をもつ
あそびを紹介します。

81 東西南北ダンス

かっこいい動きで方角を覚えよう！

ねらい 四方位の向きを覚える

❶ダンスの動きを見る

 さて、4つの方位についての学習をしました。
東西南北は、覚えるのがなかなか難しいものです。
そこで、ダンスで覚えましょう。
こんなダンスです。北！　南！　東！　西！
みんなでやってみましょう！

北！　南！

❷ダンスの動きを覚える

東！　西！

 何回も繰り返しやりましょう。
（活動後）問題です。南はどちらでしょうか？

えーっと……こっち！

 正解！　これで、東西
南北の方角を覚えるこ
とができましたね。
北さえ分かれば、今の
動きで確認することが
できますよ。

ADVICE！　・特に東と西の方角を覚えるのが難しいものです。東と西を強調するように
動くといいでしょう。

82 東の見つけ方

忘れたときは、これで東を思い出そう！

ねらい 東と西を見分ける

❶ 「北」の漢字の中に字を見つける

正しく方位を覚えることができましたか？
どうしても覚えることができない人もいると思います。
そんな人におすすめの覚え方を教えます。
北という漢字がありますよね。地図では、北が上になっています。
これを覚えるのは簡単ですね。でも、東と西がどちらか分からないものです。

いつも、どっちがどっちか
分からなくなるんだよね～。

❷ 「ヒ」のほうが東であると確認する

さて、この「北」の字を、よく見てください。
何か、文字が隠れていませんか？

「ヒ」？

その通り。「ヒ」というカタ
カナが入っていますね。
ヒと書いてあるほうが、東
（ヒガシ）なのです。
もしも忘れてしまったとき
には、北の字を書いて思い
出しましょう。

ADVICE！ ・要所要所で、「北」という漢字を書き出して、東の方向を確認しましょう。

方角を聞いて、ゴールへ進め！

83 東西南北ゲーム

ねらい 東西南北についての習熟を深める

❶進む方角とマスの数を聞く

 ノートのマス目の、左上を指差しましょう。
先生が東西南北とマスの数を言いますので、その方向にマスの数だけ進みます。右下にたどり着いたときに「ゴール」と言われたら、正しく進めていることになります。では、いきますよ。南に２マス。

 こっちか。

東に３マス。

南に２マス

こっちか

❷ゴールにたどり着く

 西に１マス。南に３マス。東に２マス。
ゴール！

 やった～！　正解だ！

 あれ？　ずれてしまった。
どこかで間違えたのかな……。

 無事にゴールできた人？（挙手）
すばらしい！
では、もう１回やりましょう。

東に２マス。
ゴ～ル！

やった～！

ADVICE! ・慣れてきたら、「南に３マス、東に４マス」というように、連続して進むように指示します。

方角を覚えるあそび④

84 指差しゲーム
担当の方角を指差そう！

ねらい 四方位を判断できるようになる

❶担当を決める

班の4人で、東西南北それぞれの担当を決めます。
自分の分担の方向を覚えましょう。
先生が今から、東西南北のいずれかを言います。
担当の人が指差して、ほかの人もそれに続きましょう。
3秒以内に全員が指差せたらOKです。
では、いきますよ。北！

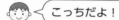
こっちだよ！

わっ！

北！
こっちだよ！

❷担当の動きに続いて動く

3、2、1、0！
では、次は……南！

あっち！

おっと！

3、2、1、0！
（活動後）全部3秒以内に指差せた班？
すばらしい！ では、担当の方角を変えましょう。

南！
あっち！

ADVICE! ・3人班の場合は1人が2方角を、5人班の場合は2人で1方角を担当します。

85 どんな場所でも四方位が分かる！ いろいろな場所で方角当てっこ

ねらい 四方位を判断する感覚を身につける

❶教室ではないところで東西南北を確認する

 教室では、四方位について確認しましたね。今日は、ぜんぜん違う場所で確認しますよ。（体育科の授業：体育館で）北はどっち？

 ……こっち？

 正解は、あっちです。（方位磁針で確認しながら）……ということは、東は？

 こっち？

北はどっち？

……こっち？

正解は、あっちです

正解！

❷様々な場所で確認する

 （理科の授業：理科室で）ここでは、北はどっち？

 日が差していないほうだから、こっち！

 すばらしい！ ……ということは、西はどっち？

 こっち！

 正解！

北はどっち？

日が差していないほうだから、こっち！

すばらしい！

ADVICE!
・「お昼で、日が当たっているから」というように、生活経験と結びつけて考えるようにさせると、様々な場所で四方位で判断することができるようになります。

86
地図の方角で教室を描こう！
教室の地図
ねらい 地図の方角について学ぶ

❶教室の地図を描く

これから地図についての勉強をします。まずは手始めに、教室の地図を描いてみましょう。地図を描くときには、大事なルールがあります。
それは、「北を真上にする」ということです。では、ノートに教室の地図を描いてみましょう。

机を動かしてもいいですか？

もちろん、かまいませんよ。

こっちが北か……。

こっちが北か……

❷描いた地図を見合う

描けた地図を、
となりの人と見合ってみましょう。

バッチリだね！

（活動後）私たちの町の東西南北には、何があるのでしょうか？
これから調べて、地図にまとめていきましょう。

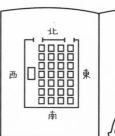

ADVICE！
・あとからすべて描き直すのはたいへんな作業になるので、はやめに東西南北の誤りがないかを確認しましょう。

電柱のできた順番は、どうなってる？

87 電柱の戸籍

ねらい 身近な地域の様子を知る

❶ 電柱の見方を伝える

 （町探検をしているときに）電柱を見てみましょう。
じつは、電柱には番号が書かれています。この番号は、電柱によって違うのです。何の番号だと思いますか？

 つくられた順番じゃない？

 その通り！
電柱と電柱の間は 20 〜 60 mと決まっています。
つまり、電柱を調べれば、その町がどのような順番でつくられたのかが分かるわけです。

 すごい！

電柱と電柱の間は20〜60mと決まっています

すごい！

❷ それぞれの通学路の電柱を調べてくる

 では、それぞれの通学路の電柱を調べてきてください。
拡大した地図を後ろの黒板に貼っておくので、分かり次第、電柱の番号を書き込んでおいてくださいね。

ADVICE！ ・急に番号が変わるところは、町の区画があとからできたことが予想されます。町の歴史が、電柱から読み取れるのです。

88 バラバラ地図作り
みんなで町の地図を完成させよう！

ねらい 観察・調査したことを地図にまとめる

❶模造紙にあらかじめ主な地形を書き込む

これまで、学校の東西南北を探検してきました。みんなで、地図を作りましょう。模造紙に、先生が大まかな地形を書いていますので、あとはみんなで完成させてください。1班は1の範囲を、2班は2の範囲を、というように、それぞれ自分たちの調べたことをまとめます。

私たちは、北の範囲か。

ここには、駅があったよね。

私たちは、北の範囲か

ここには、駅があったよね

❷模造紙をくっつけて地図を完成させる

では、全員が作った地図をまとめてくっつけてみましょう。（活動後）これから、店についての学習をします。どの部分の地図を使えばいいでしょうか？

1、2、3の地図だと思います。

そうですね。店調べを終えたら、ここに書き足しましょう。

店についての学習をします。どの部分の地図を使えばいいでしょうか？

1、2、3の地図だと思います

ADVICE！
・工場の学習など、学習のたびに模造紙に立ち返り、位置を確認します。
・子どもと教師で一体となり、1枚の地図を完成させていきます。

89 地名を急いで見つけ出せ！ 地名探し

ねらい 身近な地域や市の名前を知る

❶地名を地図の中から探す

自治体が大きく表示されている○ページを開いてください。
先生が、今から地名を言います。みなさんは、言われた地名を探します。
見つけたら、「はい！」と手を挙げてくださいね。
1つ目は、大宮駅です。

う〜ん、どこかな……。

ヒントを出します。横の列に、「アイウエオ」が書かれていますね。そのうち、イの中にあります。

大宮駅です

どこかな……

❷ヒントを聞いて見つけ出す

さらにヒントです。縦の列にある4の中にあります。

イの4の中……あった！

見つけることができた人？
（挙手）
となりの人と確認しましょう。（活動後）では次の問題を出します。

4の中にあります

イの4の中
……あった！

ADVICE！
・地形からヒントを出していくようにすると、分かりやすいです。
・子どもに出題者を募るのもいいでしょう。

遠くに見えるものは、何？

90 背景の正体

ねらい 都道府県内における市の位置を捉える

❶観察を経た上で地図を見る

 東の方角を観察したときに、高い山が見えましたね。
今日は、その正体を探りましょう。
地図帳を開きましょう。
私たちの住んでいる町から、ずっと東に進みます。
高い山は、あるでしょうか？

❷各方角にあるものを推測する

 あの山は、生駒山っていうんだな。

 同じようにして、ほかの方角に見えたものも確認しましょう。

 西には、海が広がっているよ。

 煙突は、海沿いにある工場だったんだね。

あの山は、生駒山っていうんだな

ADVICE！ ・各方角の観察の時点で、主要な建物や地形について押さえておくようにしましょう。

地図記号を覚えきろう！

91 地図記号隠し

ねらい 地図記号の意味を知る

❶地図記号の表を配る

 班に１枚、地図記号の表を配ります。
では、１つずつ確認しましょう。
（一通り説明したあと）先生のあとに続いて全員読みましょう。田！

  田！

 畑！

 畑！

❷全員で声をそろえて読み上げる

 では、覚えることができたか、確認をします。
となりの人とジャンケンして、負けた人が指で地図記号の名前を隠して問題を出します。勝った人は、地図記号の名前を言います。交互に問題を出し合いましょう。

 これ、な〜んだ？

 え〜っと……果樹園？

 （活動後）では、全員でいっせいに読みますよ。できる人は、自分で地図記号の名前を隠しながら読み上げてみましょう。

ADVICE！　・「地図記号一らん表」はp.124にあります。
・使用後はノート等に貼り付けておくといいでしょう。

名前で地図記号を見つけよう！
92 地図記号カルタ
ねらい 地図記号の絵と読み方を一致させる

❶地図記号でカルタをする

 地図記号を覚えるあそびをしましょう。
地図記号の表を配付しますので、班で協力して切り取ります。
（活動後）では、カルタを行いましょう。はじめは、「畑」。

 「畑」、あった〜！

 あ〜、取られた〜。

❷読み上げられた札を取る

 次は、「市役所」！

 これだ！

 それは、警察署の地図記号だよ。

 （活動後）、もっとも多く取れた人？（挙手）
よくがんばりました！

ADVICE！　・「地図記号カルタ」はp.125にあります。拡大コピーをして使用してください。
・切り取ったカルタは、輪ゴムで束ねて回収すると、次の機会でも用いることができるので便利です。

93 オリジナル島

地図記号で島を作ろう！

ねらい 地図記号を使って意味を理解する

❶自分だけの島を作る

 国土交通省の国土地理院のホームページで、地図記号を見てみましょう。
様々な地図記号がありますね。今日は、オリジナルの島を作ります。
島が描かれた紙を配りますので、そこに鉛筆で地図記号を書き込み、島の
地図を完成させましょう。

 博物館がいっぱいある、
おしゃれな島にしよう！

 僕は風車がいっぱいの、
発電する島にするよ！

オリジナルの島を
作ります

風車がいっぱいの、
発電する島にするよ！

❷作った島を見せ合う

 最後に、島の名前を決めましょう。
（活動後）それでは、完成した島を、
班の友だちと見せ合いましょう。

 これは、どんな島なの？

 竹林がいっぱいで、
奥に温泉がある観光地の島だよ！

 では、発表できる人？（挙手・指名）

温泉島

観光地の島だよ！

ADVICE！ ・できあがった作品は回収し、まとめてスキャンして、全員で共有するといい
でしょう。

こんな地図記号があったのか！
消えた地図記号
ねらい 地図記号の歴史を知る

❶牧場の地図記号を紹介する

 時代とともに消えていく地図記号もあります。
今日は、そのいくつかを紹介しましょう。
これは何だと思いますか？
（「牧場」の地図記号を黒板に描く）

 何かの荷物かな？

 正解は、牧場です。1965年に廃止されています。

❷消えた地図記号を紹介する

 ほかにも、昔はこのような地図記号がありました。
このほか、どのような地図記号が消えていったのか、調べてみましょう！

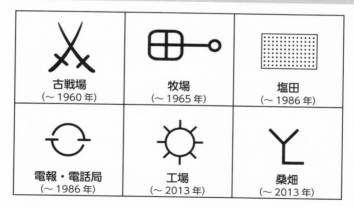

古戦場	牧場	塩田
（〜1960年）	（〜1965年）	（〜1986年）
電報・電話局	工場	桑畑
（〜1986年）	（〜2013年）	（〜2013年）

ADVICE！ ・地図記号の歴史をインターネットで調べるのも、おもしろい学習になります。

こんな地図記号ができたのか！
95 新しい地図記号
ねらい 地図記号の未来を考える

❶老人ホームの地図記号を紹介する

 時代とともに、新しく作られる地図記号もあります。
「老人ホーム」の地図記号は、2006年に全国の小学生・中学生から募集したデザインをもとに作られました。

❷新しい地図記号を紹介する

 ほかにも、このような地図記号が新しく作られています。

 時代に合わせて、地図記号は作られてくるんだな～。

 もし、みんなが地図記号を作るなら、どのような地図記号を作りたいですか？
考えてみましょう！

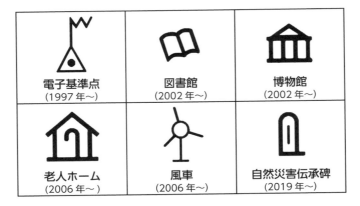

電子基準点 (1997年〜)	図書館 (2002年〜)	博物館 (2002年〜)
老人ホーム (2006年〜)	風車 (2006年〜)	自然災害伝承碑 (2019年〜)

ADVICE！ ・考えた地図記号は、理由とともにクラス全体へ発表させましょう。

よく買い物に行く場所は、どこだろう？
96 買い物シール

ねらい 自分たちの生活と販売の仕事の結びつきを捉える

❶校区の地図にシールを貼り付ける

後ろの黒板に、校区の地図を貼っておきます。
買い物調べをやっていますが、買い物で行ったところがあれば、名前を書いてシールを貼っておいてください。

昨日は、ABC スーパーに行ったよ！

昨日は、
ABCスーパーに
行ったよ！

シール

❷校区でよく使われている商業施設をまとめる

1 週間経ちました。この結果から何が分かりますか？

校区でよく使われている商業施設は、サンサンモールだと分かります。

スーパー以外にも、デパートやコンビニ、商店街に行く人もいます。

そうですね。今後、これらの商業施設について調査していきましょう！

デパートやコンビニ、
商店街に行く人もいます

ADVICE! ・校区の地図とシールを置いておき、いつでも各自で貼り付けられるようにしておきます。

デパートでどんな催しがある?
97 イベント調べ
ねらい 販売の仕事と消費者ニーズの関係性を知る

❶デパートのイベントを検索する

 デパートでは、様々なイベントが開催されています。
さて、買い物調べで出てきたデパートでは、どんなイベントが行われているのか、検索して調べてみましょう。

 北海道フェアをやっているよ!

❷調べたイベントを発表する

 調べたイベントを発表しましょう。

 秋の味覚フェアが行われていました。

 (活動後)どうして、このようなイベントが開催されているのでしょうか?

 お客さんに、普段とは違う買い物を楽しんでもらうためかなと思います。

ADVICE! ・地域のデパートを中心に、様々なデパートの取り組みを検索します。
・アーティストを招いたり、コンサートを開催したりしているなど、行事についても注目させるといいでしょう。

商店街の福引きはどんな内容か？

98 福引きコンテスト

ねらい 売り上げを高めるための工夫について考える

❶全国各地の商店街の福引きについて調べる

日本中には、様々な商店街があります。商店街では、福引きが行われていることがあります。今日は、福引きコンテストを行いましょう。もっともいいと感じる福引きを、班で1つ決定してください。「なぜ、その福引きがいいのか」を、班ごとに発表してください。

これなんてどうかな？
「1等はすき焼き1万円分」！

❷調べた福引きを発表する

各班ごとに発表をします。

僕たちは、○○商店街の福引きがいいと感じました。なぜかというと、特賞はテレビか自転車を選ぶことができるからです。

（活動後）様々な福引きがあることが分かりましたね。さて、どうして福引きのような取り組みが行われているのでしょうか？

福引きがあれば、いろいろなお店で商品を買うことになるから、商店街の活性化につながるのだと思います。

ADVICE! ・「どのような福引きならいいか」を考えて、地域活性化の取り組みにつなげるのもいいでしょう。

どっちが安全か比較しよう！

99 デパートと商店街の危険比べ

ねらい 販売の仕事の工夫を知る

❶どちらが危険かを考える

火事になったときに、デパートと商店街では、どちらが危険でしょうか？
自分の考えを書きましょう。（活動後）では、討論をしてみましょう。

デパートは危険だと思います。下の階で火事が起こったときに、上の階の人は逃げ場がありません。

デパートは、逃げ口が少ないです。

❷互いに意見を交わし合う

商店街のほうが危険だと思います。アーケードが、煙の通り道をふさいでしまうためです。

（活動後）では、そこまでにしましょう。
今度、デパートと商店街を歩きます。そのときに、安全面でどのような対策を練っているのかをよく観察しましょう。

ADVICE!　・デパートは過去に数回大火事が起きているため、火災報知器やスプリンクラー、消火器の設置や非常口の完備などの対策がとられています。商店街でも、消火栓や防火水槽が用意されており、火事の際にはアーケードが開けられるようにしているところもあります。

方向を変えると商店街とそっくりに！

100 デパートを横にすると？

ねらい 販売の仕事の工夫を考える

❶デパートの売場を確認する

 （デパートの案内パネルを見ながら）デパートには、どんな売場がありますか？

 化しょう品売場や、食品売場があります。

 では、案内パネルを横にしてみると、どうなるでしょうか？

6	レストラン
5	しんし服
4	ふ人服
3	くつ・ハンドバッグ
2	化しょう品
1	食品
B1	食品

❷横にして、商店街と比較する

 ……あっ、商店街と似ている！

 横に店が並んでいるのが商店街で、縦に店が並んでいるのがデパートと考えることができますね。
ただ、ほかにも違いはあります。デパートにあって、商店街にないものは何でしょうか？

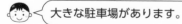 商店街と似ている！

 大きな駐車場があります。

 子ども用のあそび場があります。

ADVICE!
・デパートを調べてみると、多くの店がデパートの場所を借りて商売をしていることが分かります。デパート直営の店は半分にも満たないものです。似た条件にした上で、違いを比較すると、より理解しやすくなります。

お客さんを引き寄せる工夫は何かな？

101 マグネット売場探し

ねらい 売り上げを高める工夫を捉える

❶「マグネット売場」について解説する

 スーパーマーケットには、「マグネット売場」といって、お客さんを引きつける工夫をしているところがあります。
例えば、広告の品や特売品などを置くことによって、お客さんを店の奥まで誘導するのです。お客さんを磁石のように引きつける売場、それがマグネット売場なのです。買い物の予定がある人は、近所のスーパーのマグネット売場を見つけてきましょう。

 明日、お母さんが「買い物に行く」って言ってたから、ついて行って見てみよう！

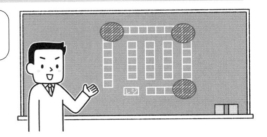

❷それぞれ見つけてきたマグネット売場を発表する

 （後日）分かったことはありましたか？

 近所のスーパーマーケットでは、店の角の部分に特売の商品のワゴンがありました。

 角に設置することで、お客さんを引きつけているのですね。

 うちの近所のスーパーでは、入り口のところで「行楽フェア」をやっていました。

特売の商品のワゴンがありました

ADVICE! ・スーパーマーケットの見学に行く前に検討することで、見学の観点をつくっておくようにします。

10回クイズ

　3年生の子どもたちが喜んで答える10回クイズを紹介します。10回言うことによって、その後のクイズに引っかかってしまうあそびです。スキマ時間にやってみましょう。

①「ピザ」って10回言って。ここは?【肘を指差す】(肘)
②「ドジョウ」って10回言って。日曜日の次は?(月曜日)
③「すべりたい」って10回言って。高い所から飛び降りるのは?(バンジージャンプ)
④「ビーバー」って10回言って。サッカーでボールにさわれるのは?(足)
⑤「おぐら」って10回言って。これは?【腕を組んで見せる】(腕組み)
⑥「ガーデン」って10回言って。窓枠についているのは?(ガラス)
⑦「マフラー」って10回言って。布団に敷くのは?(シーツ)
⑧「シャンデリア」って10回言って。毒リンゴを食べたのは?(白雪姫)
⑨「九州」って10回言って。お茶を飲む入れ物は?(湯呑み)
⑩「洗濯苦労する」って10回言って。トナカイに乗っているのは?(誰も乗らない)
⑪「ベンジン」って10回言って。北極に住んでいる動物は?(白クマ)
⑫「ダイヤ」って10回言って。車を動かすときにさわる場所は?(ハンドル)
⑬「ザラザラ」って10回言って。河童の背中にあるのは?(甲羅)
⑭「しりとり」って10回言って。ゴミを掃く道具は?(ホウキ)
⑮「トンカツ」って10回言って。クギを抜く道具は?(クギ抜き)
⑯「ベンチ」って10回言って。ねじを回す道具は?(ドライバー)
⑰「ハタキ」って10回言って。車に乗れるのは何歳から?(0歳から)
⑱「病院」って10回言って。髪を切るものは何?(ハサミ)
⑲「ウナギ」って10回言って。耳の大きな動物は?(ゾウ)
⑳「コマ」って10回言って。金太郎がのっているのは?(絵本)
㉑「美人」って10回言って。(「ありがとう」と伝える)　　＊「イケメン」でも代替可能
㉒「バブ」って10回言って。(「赤ちゃんみたいだね」と伝える)
㉓「病院」って10回言って。何回言った?(「10回病院に行くなんて大丈夫?」と伝える)
㉔「バスガス爆発」って10回言って。(「お疲れさま」と伝える)
㉕「ショボン」って10回言って。(「そんなに落ち込まないで」と伝える)

これ、なーんだ？

年　　組（名前　　　　　　　　　）

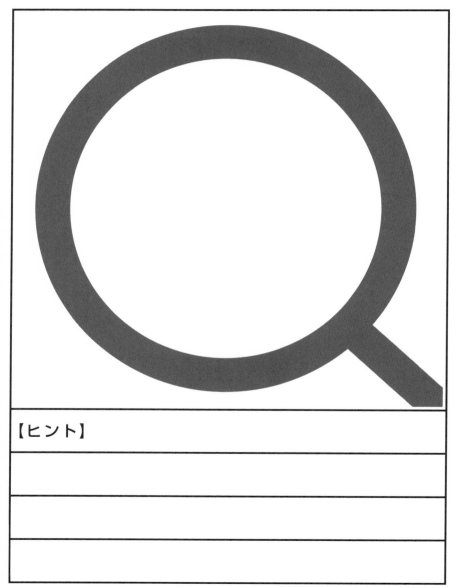

【ヒント】

正解は······

年　　組（名前　　　　　　　　　　）

【解説】

地図記号一らん表

年　　　組（名前　　　　　　　　　　）

田	畑	茶畑	果樹園
針葉樹林	広葉樹林	竹林	荒地
小中学校	高等学校	病院	図書館
裁判所	税務署	消防署	郵便局
交番	警察署	神社	寺院
区役所	市役所	温泉	漁港

地図記号カルタ

年　　　組（名前　　　　　　　　　）

おわりに

　小学3年生は、一般的に「やりやすい学年」と思われていることがあります。例えば、初任者がいきなり6年生担任になることはあまりありませんが、3年生担任はよくあります。「学校生活にも慣れてきており、なおかつ、高学年ほど反抗的ではない」といったことが大きな理由として考えられます。

　しかし、友だち関係を意識し始めて、教師の言うことに疑問を抱き始めるのも3年生。
　子ども同士のつながりを重視して、自己主張するようになります。
　調子にのって、どんどん悪ふざけがエスカレートしてしまうことだってあります。この時期に乱れた生活をしたり、友だち関係でうまくいかない経験をしたりしてしまうと、その後の学校生活も苦しいものになります。
　そのため、毅然とした態度で指導しなければならない場面は、かなり多いものです。
　そう考えてみると、3年生は、大きな分岐点にさしかかる学年と捉えることができます。決して「簡単な学年」とはいえないのです。

　とはいえ、どのような呼びかけにも応じてくれるのが3年生。
　高学年ならば「ええ～、やりたくないな！」などと反抗的になるような場面でも、3年生は「やってみたい！」「もっと知りたい！」というように、どんどんのってきてくれます。
　どんな取り組みにも意欲的というのは、高い可能性を秘めています。教師にとってみても、チャレンジがしやすいものです。
　積極的にあそびのアクティビティを取り入れてみましょう。円滑な人間関係を構築して、授業への関心を抱かせていきましょう。
　効果的にあそびを取り入れられれば、子どもとの信頼のパイプは厚いものになります。
　普段の指導も伝えやすくなります。授業の中身に集中させられるようにもなります。ぜひ、あそびの機会をたくさんつくっていきましょう。
　本書が楽しい授業や学級づくりの一助となれば幸いです。

　　2024年2月

　　　　　　　　　　　　　　　　　　　　　三好真史

参考文献

・教師の働き方研究会 編『教職１年目の学級あそび大全』明治図書出版(2022年)
・横山洋子 監修『ベテラン教師が教える　クラスがまとまる！　目的別かんたん学級あそび１００』ナツメ社（2013年）
・菊池省三 監修『1分・3分・5分でできる学級あそび１０２』喜楽研（2018年）
・東 正樹『いちばんやさしいレクリエーション・ゲーム全集』成美堂出版（2006年）
・樋口万太郎『「あそび＋学び」で、楽しく深く学べる　算数アクティビティ２００』フォーラム・Ａ（2019年）
・日本レクリエーション協会 監修『やさしいレクリエーションゲーム』成美堂出版（2002年）
・日本レクリエーション協会 監修『カラー版　みんなで楽しい！　レクリエーションゲーム集』西東社（2011年）
・算数あそび研究会『誰でもできる算数あそび６０』東洋館出版社（2015年）
・みんなの会 編著『先生たちが選んだゲーム・手づくりあそびBest１００』あゆみ出版（1989年）
・林 洋一 監修『史上最強図解　よくわかる発達心理学』ナツメ社（2010年）
・三好真史『楽しく数学脳が鍛えられる！　ワークシートで便利！算数あそび１０１』学陽書房（2021年）
・多湖 輝『新装版　頭のいい子に育つしつけの習慣』PHP研究所（2009年）
・木村 研 編著『準備いらずのクイック教室遊び』いかだ社（2003年）
・溝越勇太『1日5分 小学校 全員が話したくなる！聞きたくなる！トークトレーニング６０』東洋館出版社（2018年）
・松浦敏之『みんなでできる！　超盛り上がる！　算数パズル・ゲーム６０』明治図書出版(2020年)
・月僧秀弥『小学校理科・生活科　授業で使える科学あそび６０』明治図書出版（2020年）
・有田和正『授業づくりの教科書　社会科授業の教科書３・４年』さくら社（2012年）
・三浦健治 他編著『子どもが生きる授業　理科三年』小学館（1985年）
・宮内主斗・市村慈規 編著『授業づくりの教科書　理科実験の教科書３年』さくら社（2012年）
・青野裕幸『キッズサイエンス　楽しすぎる科学実験・観察』いかだ社（2018年）

著者紹介

三好真史（みよし しんじ）

堺市立小学校教諭。令和4年度より、京都大学大学院
教育学研究科に在籍。
教育サークル「ふくえくぼの会」代表。
メンタル心理カウンセラー。
著書に『教師の言葉かけ大全』（東洋館出版社）、
『子どもがつながる！ クラスがまとまる！ 学級あ
そび101』（学陽書房）などがある。

やる気が育つ！ 学びに夢中になる！
3年生あそび101

2024年 3月 22日 初版発行

著者	三好真史
装幀	スタジオダンク
本文デザイン・DTP 制作	スタジオトラミーケ
イラスト	榎本はいほ
発行者	佐久間重嘉
発行所	株式会社 学陽書房

東京都千代田区飯田橋 1-9-3 〒 102-0072
営業部 TEL03-3261-1111 FAX03-5211-3300
編集部 TEL03-3261-1112 FAX03-5211-3301
http://www.gakuyo.co.jp/

印刷	加藤文明社
製本	東京美術紙工

©Shinji Miyoshi 2024, Printed in Japan
ISBN978-4-313-65510-2 C0037

乱丁・落丁本は、送料小社負担にてお取り替えいたします。
定価はカバーに表示してあります。